Spengler · Kochen mit Meerrettich

Vorwort

Liebe Leserinnen und Leser,

seit einigen Jahren war es mir ein Bedürfnis, die vielfältigsten Meerrettich-Rezepte der Region und darüber hinaus zu sammeln und zu einer nun doch recht umfangreichen Kochrezepte-Sammlung zusammenzutragen. Erst bei der Auswahl der interessantesten Rezepte wurde mir die Vielfalt des Einsatzes von Meerrettich deutlich. Ob Suppen, Hauptgerichte, Salate oder Beilagen, die scharfe Wurzel, wie der Meerrettich oder Kren immer wieder genannt wird, ist aus der Küche nicht wegzudenken.

Ich hoffe, dass es mir gelungen ist, mit der vorliegenden Rezeptsammlung den Liebhabern des Meerrettichs oder Krens neue Anregungen zu geben.

Ich wünsche Ihnen viel Freude beim Lesen und beim Zubereiten der von mir zusammengetragenen Rezepte und vor allem einen guten Appetit beim Genießen der Meerrettichgerichte.

Siegfried Spengler
Ortsvorsteher des Meerrettichortes Urloffen

Mit Unterstützung der Volksbank Offenburg

Reiff Buchreihe:
„Essen & Trinken“
Kochen mit Meerrettich · Siegfried Spengler

Bisher erschienen:
Euro-Schwarzwald-Diät · Ernst Schönauer
Kochen mit Bier · Ernst Wieser
Frisch vom Markt I · Frisch vom Markt II · Hanauer Landfrauen
Ortenauer Landgasthäuser · Hans Roschach
Badische Küche Ortenau · Hans Roschach
Was Bürgermeister anrichten · Hans Roschach
Kochrezepte vom Vogtsbauernhof · Hans Roschach
Tante Anna Vorratskammer · Waltraud Fehrenbach
Schwarzwälder Kirschwasser · Hans Roschach
Gastro-Guide ORTENAU – STRASBOURG · Hans Roschach

Siegfried Spengler

Kochen mit Meerrettich

Rezeptsammlung aus der Region

Meerrettichmann –
Bronzefigur an der
Urloffener Hauptstraße

Reiff Schwarzwaldverlag Offenburg

Bibliografische Informationen der Deutschen Bibliothek

ISBN 3-922 663-79-6

Die Deutsche Bibliothek verzeichnet diese Publikation in der Deutschen Nationalbibliografie; detaillierte bibliografische Daten sind im Internet über http://dnb.ddb.de abrufbar.

Konzeption und Layout:
Roland Hänel

Satz und Reproduktion:
Dominik Ratzel

Druck:
C. F. Dreyspring GmbH, Lahr

Verarbeitung:
Zeh & Bross, Offenburg

Fotos:
Siegfried Spengler, GroKaGe Niederbühl,
Schamel Meerrettich GmbH

Meerrettich, Kren

(Armoracia rusticana) engl.: horse-radish, franz.: raifort

Der Meerrettich gehört zur botanischen Familie der Kreuzblütler. Seine Heimat liegt in Ost- und Südeuropa. Die hohe Konzentration an ätherischen Senfölen und seine zum Teil antibiotisch wirkenden Stoffe machten den Meerrettich seit langer Zeit zu einer weit verbreiteten Heil- und Gewürzpflanze. Sie wird in ganz Europa, in Asien und in Nordamerika kultiviert. In Deutschland wird die seit dem 12. Jahrhundert bekannte Pflanze heute noch in den Bundesländern Baden-Württemberg, Bayern und Brandenburg angepflanzt. Als typische Anbaugegenden wurden die Meerrettichorte Urloffen und Niederbühl (Baden-Württemberg) sowie die Meerrettichstadt Baiersdorf (Bayern) bekannt.

Meerrettich ist eine bis zu 1,20 Meter hoch wachsende Staude. Die Rhizome, die Meerrettichwurzel oder auch Meerrettichstange genannt, wird 30 bis 40 cm lang und 4 bis 6 cm dick. Die Wurzel trägt am Ende Seitentriebe. Von ihnen dienen die kräftigsten zur Vermehrung. Meerrettich ist ein frostresistentes Gemüse und wird in den Monaten September bis November geerntet, dabei werden regional unterschiedliche Sorten angebaut, z.B. Badischer, Spreewälder oder Ungarischer Meerrettich.

Meerrettich diente aufgrund seiner Inhaltsstoffe jahrhundertelang als Heilpflanze. Zu den zahlreichen heilend wirkenden Stoffen zählen Vitamin B 1, Calcium, Magnesium, Natrium, Kalium, Phosphor und Eisen. Dass Meerrettich doppelt so viel Vitamin C wie eine Zitrone enthält, sei besonders zu erwähnen. Auch die antibiotischen Inhaltsstoffe Allicin und Sinigrin entwickeln eine Wirkung, die dem Penicillin ähneln. Meerrettich regt den Appetit an, fördert den Kreislauf, die Durchblutung der Schleimhäute, regt die Produktion von Verdauungssäften an und wirkt blutdrucksenkend. In der mittelalterlichen Bauernküche erfreute sich Meerrettich oder Kren nicht nur wegen seiner konservierenden Eigenschaften immer größerer Beliebtheit. Natürlich erwähnte ihn auch Hildegard von Bingen (1098–1179) in ihren botanischen Schriften und sprach darin vor allem von der Förderung und Erhaltung der Gesundheit. Eigentlich ist es sehr verwunderlich, dass der Meerrettich oder Kren mit seinen besonderen, gesundheitsfördernden Eigenschaften nicht öfter auf dem täglichen Speiseplan zu finden ist. Die Vielfalt des Einsatzes von Meerrettich oder Kren ist riesig. Vielleicht trägt dieses Buch mit dazu bei, den Lesern und Liebhabern des Meerrettichs mit der Auswahl der vielfältigsten Rezepte neue Anregungen zu geben, um die scharfe Wurzel zum ständigen Begleiter in der Küche werden zu lassen. Ihre Gesundheit dankt es Ihnen.

Meerrettich einkaufen
Sie können Meerrettichwurzeln entweder vom Markt oder bereits gerieben in Gläsern oder Tuben kaufen. Bei den Meerrettichwurzeln handelt es sich meist um Stangen mit einer Länge von 25–30 cm. Was Sie nicht gleich verbrauchen, können Sie einfrieren oder in feuchtem Sand im Garten eingraben.

Meerrettich schälen
Nachdem Sie die Meerrettichwurzel von Erde befreit haben, können Sie diese ganz einfach mit einem Sparschäler schälen. Geübte erreichen das gleiche Ergebnis mit einem scharfen Messer, mit dem die braune Haut der Wurzel abgeschabt wird. Beginnen Sie danach schnell mit dem Reiben und geben etwas Essig oder Zitronensaft dazu, damit keine Verfärbung eintritt.

Meerrettich reiben
Frischer Meerrettich ist höllisch scharf, deshalb die geschälte Wurzel am besten auf einer Rohkostreibe (oder Meerrettichreibe aus Metall) am offenen Fenster reiben, sonst könnte es Tränen geben. Die Meerrettichstange beim Reiben senkrecht halten, damit sich keine Fasern bilden. Dann sofort an das Essen geben. Wenn es sich um eine Sauce handelt, nicht mehr kochen. Für Meerrettichsahne die geriebene Wurzel mit etwas Zitronensaft mischen, dies verhindert eine unansehnliche Farbe.

Meerrettich frisch halten
Frische Meerrettichwurzeln halten sich mindestens zwei Wochen frisch, wenn man sie, in Klarsichtfolie verpackt, im Gemüsefach des Kühlschranks aufbewahrt. Über viele Wochen kann die Meerrettichwurzel im Garten gelagert werden. Dabei sollte die Wurzel in feuchtem Sand eingegraben werden.

Meerrettich einfrieren
Wenn Sie ein Stück einer Meerrettichwurzel übrig haben – kein Problem. Geben Sie dieses ungeschält in eine Gefrierdose und dann ins Gefrierfach, und schon haben Sie eine Reserve für Ihr nächstes Meerrettich-Menü.

Wie wird Meerrettich milder
Wenn Ihnen der Meerrettich zu scharf erscheint, können Sie seinen intensiven Geschmack mildern, indem Sie einen Apfel, Sahne, Zitronensaft oder Butter zugeben.

Vorspeisen

Auflauf von Roter Bete und Meerrettich

Zutaten:

1 Schale Brunnenkresse
1 Schale Löwenzahnblätter
1 Stange Meerrettich
1 Portion Rote Bete, vorgekocht

Eine gefettete Form mit dünnen Scheiben Roter Bete auslegen, mit einer Masse aus Toastbrotwürfeln, geriebenem Meerrettich, einem Ei, Salz und Pfeffer füllen und im Ofen gar ziehen lassen. Die gewaschene Brunnenkresse und den Löwenzahn am Tellerrand garnieren und mit einer Vinaigrette aus zwei Teilen Balsamico, einem Teil Olivenöl, Salz, Pfeffer und frischen, gehackten Kräutern marinieren. Den Rote-Bete-Auflauf in die Mitte des Tellers geben.

Als Hauptspeise können Sie beispielsweise gegrilltes Rinderfilet und Gemüse reichen.

Avocado-Carpaccio

Zutaten für 4 Portionen:

Abgeriebene Schale einer unbehandelten Zitrone
2 TL Meerrettich
2 Esslöffel Wasser
Salz
Pfeffer
2 Esslöffel Zitronensaft, nach Geschmack etwas mehr
5 Esslöffel Öl
2 Avocados
200 g geräucherte Putenbrust, in Scheiben
grober Pfeffer

Die abgeriebene Zitronenschale mit Meerrettich, Wasser, Salz, Pfeffer, Zitronensaft verrühren. Öl unterrühren. Avocados schälen, halbieren, den Stein entfernen, die Hälften in feine Scheiben schneiden, dachziegelartig anrichten. Scheiben von geräucherter Putenbrust dazulegen, mit der Salatsauce beträufeln. Mit grobem Pfeffer bestreuen.

Avocado mit Meerrettichschaum

Zutaten für 4 Personen:

- *1 EL Zitronensaft*
- *1 EL Zucker*
- *2 Äpfel*
- *1 TL und 2 EL Butter*
- *4 EL grobe Semmelbrösel*
- *150 ml Schlagsahne*
- *3–4 EL Meerrettich*
- *Salz*
- *Pfeffer*
- *1 Bund Schnittlauch*
- *2 reife Avocados*

Zitronensaft und Zucker mischen. Äpfel schälen, vierteln, entkernen, fein würfeln, sofort im Zitronensaft schwenken, in 1 Teelöffel Butter glasig dünsten, abkühlen lassen. 2 Esslöffel Butter erhitzen, Brösel zufügen und bis zum Duften anrösten. Dabei stets wenden. Sahne steif schlagen, Äpfel und Meerrettich unterziehen. Mit Salz und Pfeffer abschmecken. Schnittlauch abbrausen, trockenschütteln und in kleine Röllchen schneiden.

Avocados längs rundum einschneiden, gegeneinander drehen, vom Stein befreien, mit der Creme füllen, mit Bröseln und Schnittlauch bestreuen.

Buchweizen-Eier-Kuchen mit buntem Quark

Zutaten:

- *125 g Buchweizenmehl*
- *75 g Weizenmehl (Type 550)*
- *1/4 TL Vollmeersalz*
- *1 TL Honig, 20 g frische Hefe*
- *2 EL Wasser (1), 375 ml Wasser (2)*
- *4 Eier*
- *1 rote Paprikaschote*
- *1 St. frischer Meerrettich (8 cm)*
- *500 g Sahnequark*
- *2 TL eingelegter grüner Pfeffer*
- *Öl zum Backen*
- *1 Bund Schnittlauch*

Beide Mehlsorten mit dem Vollmeersalz mischen und dann in die Mitte eine Vertiefung drücken. Den Honig, zerbröckelte Hefe und das Wasser (1) hineingeben und mit etwas Mehl verrühren. Mit einem Küchentuch abdecken und bei Raumtemperatur ca. 15 Minuten gehen lassen. Danach Wasser (2) und Eier zufügen und mit dem Handrührgerät zu einem glatten Teig verarbeiten. Abdecken und nochmals ca. 60 Minuten gehen lassen. In der Zwischenzeit Paprika vierteln und abspülen. Die weißen Rippen und Kerne entfernen. Paprika längs in schmale Streifen schneiden und dann fein würfeln. Meerrettich schälen und fein reiben. Quark mit Paprika, Meerrettich und grünem Pfeffer verrühren. Mit Vollmeersalz abschmecken. In Öl bei mittlerer Hitze pro Person 2 Pfannkuchen backen. Vierteln und mit dem Quark anrichten. Am Schluss mit Schnittlauch garnieren.

Forellenmousse mit Meerrettich

und Sahnequark

Zutaten für 5 Portionen:

300 g geräucherte Forellenfilets
1 EL Zitronensaft
1 EL Meerrettich, gerieben
250 g Sahnequark
4 Scheiben weiße Gelatine
1/8 l Schlagsahne
schwarzer Pfeffer aus der Mühle
1 Bund Dill
Salz

Forellenfilets häuten, Zitronensaft und Meerrettich zugeben, alles pürieren. Den Quark unterziehen. Gelatine tropfnass bei milder Hitze auflösen, unter das Püree ziehen. Sahne steif schlagen, Dill hacken.

Beides unter das Mousse rühren. Mit Salz und Pfeffer würzen, 30 Minuten kalt stellen.

Gefüllte Blätterteig-Törtchen

Zutaten für 6 Portionen:

1 EL Öl
300 g Crème fraîche
500 g Spinat
2 Eier
1 TL Meerrettich
250 g Tiefseekrabben
3 Scheiben Tiefkühl-Blätterteig
1 Knoblauchzehe
etwas Zitronensaft

Tiefkühl-Blätterteig antauen lassen, ausrollen auf ca. 14 x 14 cm. Für jede Portion eine kleine Backform einfetten, mit Paniermehl ausstreuen. Blätterteig darin auslegen und kalt stellen. Knoblauchzehe schälen und hacken. Spinat verlesen, waschen, gründlich abtropfen lassen.

Öl erhitzen, Knoblauch darin andünsten. Spinat zugeben, mit Salz, Pfeffer und etwas Zitronensaft würzen. Tiefseekrabben unterheben. Alles in die Formen geben.

Meerrettich, Crème fraîche, Eier verrühren, darüber gießen. Im vorgeheizten Backofen bei 200° C ca. 15 Minuten backen.

Gefüllte Lachsröllchen

Zutaten für 4 Personen:

- 1 kleiner säuerlicher Apfel
- 1 Ei
- 40 g Meerrettich
- 1 EL Zitronensaft
- 1 EL Öl
- 5 EL Sahne
- 8 Scheiben Räucherlachs
- einige Blätter Eichblattsalat
- 1 unbehandelte Zitrone
- 1–2 Zweige Dill
- je 1 Prise Salz und Zucker

Das Ei für zehn Minuten kochen, abschrecken, pellen und fein würfeln. Apfel und Ei mit dem Meerrettich, dem Zitronensaft, dem Öl und der Sahne mit Hilfe eines Mixers oder Pürierstabes fein pürieren. Das Ganze mit Salz und Zucker abschmecken.

Den Räucherlachs ausbreiten, die Creme darauf streichen und die Scheiben aufrollen. Die Salatblätter waschen, etwas trockentupfen und auf Tellern verteilen.

Die Röllchen darauf verteilen und mit Zitronenscheiben und Dill anrichten.

Lachs auf Meerrettichcreme

Zutaten für 4 Personen:

- 4 dünne Scheiben Räucherlachs
- 3 EL Crème fraîche
- 1 TL Senf (mittelscharf)
- 100 g geriebener Meerrettich
- 2 EL Olivenöl
- Salz
- weißer Pfeffer aus der Mühle
- etwas Eichblattsalat,
- Lollo rosso und Friséesalat
- 2 EL Weinessig
- Salz
- 2 EL Olivenöl
- Kerbel
- Minze
- Schnittlauch

Crème fraîche mit Senf, Meerrettich, Olivenöl, Salz und Pfeffer verrühren. Die Räucherlachsscheiben zu kleinen Rosen formen und auf 4 Teller geben. Einige Blätter von jeder Salatsorte und die Meerrettichcreme daneben anrichten.

Weinessig, Salz und Olivenöl zu einer Salatsauce verrühren und über den Salat träufeln.

Mit Kerbel, Minze und Schnittlauch garnieren.

Meerrettich-Joghurt-Mousse auf Rote-Bete-Salat

Zutaten für 6 Portionen:

Meerrettich-Joghurt-Mousse:
- 4 Blatt weiße Gelatine
- 300 g Sahnejoghurt
- 200 g Schmant
- 1 Glas Meerrettich (natur, 90 g)
- Salz
- 1 EL Zitronenschale (unbehandelt, fein geraspelt)
- 2–3 TL Zitronensaft
- 125 g Schlagsahne

Rote-Bete-Salat:
- 500 g kleine Rote Bete
- Salz, Pfeffer
- 100 ml Rotweinessig
- 1 EL Zucker
- 4 EL Traubenkernöl
- 2 EL Kürbiskernöl
- 1 EL Olivenöl
- 2 EL Balsamicoessig
- 1 EL Weißweinessig
- 30 g Frühlingszwiebel (nur das Weiße)
- 1 Bund Schnittlauch
- 30 g frische Meerrettichwurzel
- 1 EL Zitronenschale (unbehandelt, fein geraspelt)

Für die Mousse die Gelatine in kaltem Wasser einweichen. Den Joghurt und den Schmant mit dem Meerrettich verrühren. Mit Salz, Zitronenschale und Zitronensaft würzen.

Die Sahne steif schlagen. Die Gelatine tropfnass bei milder Hitze auflösen und schnell mit dem Schneebesen unter die Joghurtmasse rühren. Die Sahne unterheben. In eine flache, nicht zu große Arbeitsschale füllen und 2 Stunden kalt stellen.

Für den Salat die Rote Bete waschen und einzeln in Alufolie einwickeln. Im vorgeheizten Backofen auf dem Rost bei 180° C auf der zweiten Einschubleiste von unten 1 Stunde backen. In der Folie abkühlen lassen, herausnehmen und die Schalen abziehen.

Die Rote Bete in dünne Scheiben schneiden, salzen und pfeffern. Rotweinessig und Zucker aufkochen und darüber gießen. Aus den Ölen, Balsamico- und Weinessig eine Vinaigrette rühren. Die Frühlingszwiebel und den Schnittlauch fein schneiden, den Meerrettich putzen und raspeln.

Die Rote Bete abtropfen lassen und auf 6 Teller verteilen. Mit der Vinaigrette und etwas vom Rote-Bete-Essig-Saft beträufeln. Einen EL in kaltes Wasser tauchen, die Mousse damit abstechen und auf den Salat setzen. Mit Zitronenschale, Frühlingszwiebel, Schnittlauch und Meerrettich bestreuen und servieren.

Pastetchen mit Lachs-Meerrettich-Creme

Zutaten für 4 Personen:

16 kleine Blätterteigpastetchen (Fertigprodukt)
200 g Räucherlachs in Scheiben
1 Bund Dill
2 EL Meerrettich
2 Dosen Crème fraîche
3 EL Gemüsebrühe (auch Instant möglich)
Salz, Pfeffer
1 Prise Zucker
50 g deutscher Kaviar
Zitronenscheiben zum Garnieren

Pasteten auf ein Backblech setzen und im vorgeheizten Backofen bei 175° C etwa 10 Minuten aufbacken.

Lachs in feine Streifen schneiden. Dill waschen und trockentupfen. Etwas zum Garnieren beiseite legen und den Rest fein hacken.

Crème fraîche mit dem geriebenen Meerrettich vermengen und die Brühe in einem Topf erhitzen. Mit Salz, Pfeffer und Zucker abschmecken. Lachs und Dill zugeben und in der Sauce erwärmen. Nicht kochen.

Pastetchen auf Portionsteller setzen und mit der Sauce füllen. Auf jede Pastete eine Messerspitze Kaviar geben. Mit Dill und Zitronenscheiben garnieren.

Pfannkuchen mit Salat-Meerrettich-Füllung

Zutaten für 4 Personen:

100 g Feldsalat
80 g Rauke (Rucola)
1/4 l Milch
150 g Mehl
Salz, Pfeffer, 3 Eier
9 EL Öl
400 g Doppelrahm-Frischkäse
90 g Meerrettich (Glas)
200 g Lachsschinken (ohne Fettrand in Scheiben)
150 g gelbe und rote Paprikaschoten
40 g Zwiebel
2 EL Weißwein-Essig
1 Prise Zucker, Pfeffer

Feldsalat und Rauke waschen, abtropfen lassen. Milch, Mehl, Salz und Eier verrühren, ca. 15 Minuten ausquellen lassen. 1 EL Öl in einer Pfanne erhitzen und 1/4 des Teiges einfüllen. Von jeder Seite ca. 3 Minuten backen. Übrigen Teig ebenso verbrauchen. Jetzt Meerrettich mit Frischkäse mischen, mit Pfeffer würzen, die fertigen Pfannkuchen damit bestreichen. Schinken und Rauke darauf verteilen. Die Pfannkuchen aufrollen, in Frischhaltefolie wickeln und ca. 1 Stunde kalt stellen. Danach in je 6 Scheiben schneiden. Dann Paprika putzen, waschen, in feine Streifen teilen. Zwiebel abziehen, fein hacken. Jetzt Essig, übriges Öl, Zucker, Pfeffer und Salz zu einer Marinade verrühren. Feldsalat, Paprika und Zwiebelwürfel zugeben. Den Salat mit den Pfannkuchenscheiben auf Tellern anrichten.

Rindfleisch-Kren-Terrine,

Österreich

Zutaten für 6 Portionen:

- *300 g gekochtes Rindfleisch*
- *250 g gekochte Rindsräucher- oder Pökelzunge*
- *Grün von 1 Stange Porree*
- *1/8 l Milch, 1/8 l Schlagobers*
- *1 gestrichener EL Stärkemehl*
- *30 g geriebener Meerrettich*
- *5 Blatt Gelatine, Salz, Pfeffer, Öl*

Eine Rehrückenform (ca. 1 l Inhalt) dünn mit Öl ausstreichen und mit Frischhaltefolie auslegen. Porree in Wasser bissfest kochen, in kaltem Wasser abschrecken, herausheben und gut trockentupfen. Porree mit Salz würzen. Kaltes Rindfleisch und Zunge in messerrückendicke Scheiben schneiden. Gelatine in kaltem Wasser einweichen. Zwei Drittel der Milch mit einer Prise Salz aufkochen. Restliche Milch mit Stärkemehl verquirlen, mit einem Schneebesen in die kochende Milch einrühren und nochmals aufkochen. Mischung vom Feuer nehmen, gut ausgedrückte Gelatine unterrühren und Masse kurz kalt stellen (sie darf nicht fest werden). Sahne steif schlagen, abgekühlte Milchmischung und Kren zügig untermischen, mit Salz und Pfeffer würzen. Form abwechselnd mit Porreeblätter, Zunge- und Rindfleischscheiben auslegen, zwischen jede Lage eine Schicht Krenmasse streichen. Mit Krenmasse beginnen und abschließen. Terrine mit Frischhaltefolie abdecken, im Kühlschrank fest werden lassen (ca. 6 Std.). Vor dem Anrichten Terrine aus der Form stürzen, Folie abziehen, die Terrine in gleich dicke Scheiben schneiden. Mit gehackten Pfefferkörnern bestreuen.

Rote-Bete-Carpaccio mit Walnüssen

und Kaviar

Zutaten für 4 Personen:

- *4 gleich große Rote Beete*
- *350 g Salz*
- *40 g Walnüsse*
- *30 g Meerrettich, frisch*
- *60 ml Balsamicoessig*
- *Pfeffer, schwarz*
- *70 ml Walnussöl*
- *2 Bund Dill*
- *150 g Crème fraîche*
- *50 g Kaviar, Beluga*

Rote Bete 40 Min. im Salzwasser zugedeckt kochen, abschrecken und häuten (Finger vorher mit Zitronensaft einreiben!). Walnüsse grob hacken. Den Meerrettich schälen und in feine Streifen schneiden. Aus Essig, Salz, Pfeffer und Öl eine Vinaigrette rühren. Rote Bete mit dem Allesschneider oder mit dem Hobel in dünne Scheiben schneiden. Auf Tellern anrichten und mit der Vinaigrette bepinseln. Dill abzupfen, je ein kleines Sträußchen in die Mitte der Teller legen. Je 1 Klecks Crème fraîche und Kaviar darauf geben und mit Walnüssen, Meerrettich und restlichem Dill bestreuen. Dazu passt Nussbrot.

Rotweinbirnen mit Meerrettichschaum und Entenleber

Zutaten:

2 Williamsbirnen
Zitronensaft
50 g Zucker
0,5 l Portwein, 0,5 l Rotwein
1/4 Zimtstange
abgeriebene Schale je einer Zitrone und Orange

Meerrettichschaum:

2 Schalotten, 1 Knoblauchzehe, jeweils fein geschnitten
Butter
50 ml Noilly Prat (Wermut)
50 ml Weißwein
100 ml Geflügelfond
200 ml Sahne
Salz, Cayenne, Muskat, Zitrone
70 g Meerrettich aus dem Glas
1 EL kalte Butter
4 Scheiben Entenstopfleber (je 80 g)
Salz, Pfeffer, Öl
frisch geriebener Meerrettich

Die Birnen schälen, halbieren und in Zitronenwasser einlegen. Den Zucker karamellisieren, mit Port- und Rotwein ablöschen, Zimt und abgeriebene Zitronen- und Orangenschalen dazugeben und um die Hälfte einkochen. Die Birnenhälften in den heißen Fond legen und mindestens 12 Stunden darin ziehen lassen.

Weißwein ablöschen und um die Hälfte reduzieren. Den Geflügelfond angießen, etwas einkochen und mit der Sahne auffüllen. Aufkochen, abschmecken und den Meerrettich einrühren. Passieren und mit der kalten Butter schaumig aufmixen.

Die Leberscheiben würzen und mit ein paar Tropfen Öl in einer beschichteten Pfanne braten.

Auf den Meerrettichschaum anrichten, die Birnenhälften dazulegen und mit frisch geriebenem Meerrettich bestreuen.

Schinkenröllchen

mit Quark-Meerrettich-Füllung

Zutaten für 4 Portionen:

- *1 EL Zitronensaft*
- *250 ml Sahne*
- *250 g Quark*
- *4 EL geriebenen Meerrettich*
- *1 Prise Salz*
- *1 Prise Zucker*
- *8 Stück große gekochte Schinkenscheiben*
- *1 TL gemahlene weiße Gelatine*
- *2 EL kaltes Wasser*

Für die Füllung die Gelatine mit dem Wasser anrühren, 10 Minuten zum Quellen stehen lassen, unter ständigem Rühren erwärmen, bis sie gelöst ist, dann kalt stellen.

Den Quark durch ein Sieb streichen, mit Meerrettich, Zitronensaft, Salz und Zucker verrühren. Die Sahne steif schlagen, die lauwarme Gelatinelösung dazutun, die Sahne ganz steif schlagen und vorsichtig unter den Quark heben.

Die Füllung scharf mit Pfeffer oder Cayennepfeffer abschmecken, auf die Schinkenscheiben verteilen, die Scheiben aufrollen und mit Tomatenecken, Gurken und Petersilie anrichten.

Dazu schmeckt Toast oder Weißbrot.

Schinkentüten in Meerrettich

Zutaten für 4 Portionen:

- *4 Scheiben gekochter Schinken*
- *12 Stückchen Spargel*
- *1 EL geriebenen Meerrettich*
- *1/8 l süße Sahne*
- *Zitronensaft*
- *Zucker, Salz nach Geschmack*

Die Sahne wird geschlagen, mit dem Meerrettich vermischt und mit Zitronensaft, Salz und Zucker abgeschmeckt.

Diese Meerrettichsahne auf die Schinkenscheiben streichen, Spargelstückchen hineinlegen, Schinken zu kleinen Tüten rollen und auf Toastscheiben legen. Mit etwas Meerrettichsahne und Preiselbeertupfern garnieren.

Suppen

Apfel-Meerrettich-Süppchen mit Blutwurststrudel

Zutaten:

Suppe:

4 Äpfel geschält und entkernt, grob gewürfelt
3 Schalotten
1/4 l naturtrüber Apfelsaft
1/4 l helle Kalbs- oder Geflügelbrühe
1/4 l Crème double (Sahne)
1 TL brauner Zucker
1 Glas Meerrettich
2 EL Butter

Blutwurststrudel:

2 Zwiebeln, fein gewürfelt
150 g Blutwurst, gepellt und in Würfel geschnitten
2 TL fein gehackter Majoran
etwas Butter
ca. 6 blanchierte Spitzkohlblätter
1 Packung Tiefkühl-Strudelteig
Butter zum Bestreichen

Suppe:
Die Schalotten schälen, in feine Ringe schneiden und mit den Äpfeln in etwas Butter anschwitzen. Den Zucker dazugeben und mit dem Apfelsaft und der Brühe ablöschen. Das Ganze so lange kochen, bis die Äpfel weich sind. Danach die Suppe durch ein feines Sieb geben. Den Meerrettich in ein feines Tuch geben und den Saft ausdrücken und zur Suppe geben. Das Ganze auf die Hälfte einkochen und die Sahne und Butter dazugeben und kräftig mittels eines Stabmixers aufschlagen. Mit Salz und Pfeffer abschmecken. Wenn vorhanden, kann auch etwas Cidre (Apfelwein) zur Suppe gegeben werden. Die übrig gebliebenen gekochten Äpfel kann man für Kompott verwenden oder auch etwas davon in die Suppe geben.

Blutwurststrudel:
Die Zwiebeln in Butter goldbraun braten und die Blutwurst dazugeben und so lange rühren, bis ein Brei entsteht. Mit dem Majoran abschmecken und eventuell etwas Pfeffer dazugeben. Den Strudelteig ausbreiten und mit den Spitzkohlblättern belegen. Die Blutwurst darauf verteilen und alles zu einer Rolle drehen. Mit Butter bestreichen und im Ofen bei 180° ca. 10 Minuten backen.

Apfel-Meerrettich-Suppe mit Saibling

Zutaten für 4 Personen:

- 30 g Butter
- 4 Äpfel (Cox Orange)
- 1 kleine Zwiebel
- 3 EL Meerrettich
- 40 g Meerrettichwurzel
- 1 Lorbeerblatt
- 0,5 l Brühe
- 0,4 l Sahne
- 1 EL Crème fraîche
- 0,1 l Weißwein
- 1 cl Calvados
- Cayenne-Pfeffer

Einlage:

- 2 Saiblinge à 150 g
- Salz
- Zitrone
- 2 cl Olivenöl
- 1 Rote Bete
- 2 Wirsingblätter
- 1 Apfel (Cox Orange)

Eine kleine Zwiebel in Scheiben schneiden. Vier Cox-Orange-Äpfel achteln und beides in Butter kurz glacieren. Die Meerrettichwurzel schälen, klein schneiden und hinzugeben. Mit Weißwein, Brühe und Sahne auffüllen. Ein Lorbeerblatt zugeben sowie drei EL eingekochten weißen Meerrettich aus dem Glas. Die Suppe 15 Minuten kochen, mit Calvados, Salz und Cayenne-Pfeffer abschmecken. Crème fraîche zugeben, anschließend mit dem Mixstab pürieren und absieben.

Einlage:
Die Saiblinge filieren und die Gräten ziehen. Mit Salz und Zitrone würzen. Anschließend auf der Hauptseite in Olivenöl kurz anbraten, einmal wenden und im Ofen fertig garen. Rote Bete in feine Streifen schneiden und in heißem Fett fritieren. Wirsingblätter in feine Streifen schneiden, anschließend blanchieren. Äpfel schälen, entkernen und ebenfalls in feine Streifen schneiden.

Zum Anrichten Wirsing und Apfelstreifen in vorgewärmte Suppenteller geben und die Saiblingfilets darauf legen. Mit der aufgeschäumten, heißen Suppe auffüllen und die fritierte Rote Bete darüber streuen.

Baiersdorfer Kren-Käse-Suppe

Zutaten:

1 EL Butter
1 Zwiebel
5 EL geriebener Meerrettich (Glas)
200 g Doppelrahm-Frischkäse
1 Liter Gemüsebrühe
Salz, Pfeffer, Zitronensaft
150 g Räucherlachs
frische oder gefrorene Kresse

Die fein gehackte Zwiebel in Fett dünsten, dann Gemüse-Meerrettich und den Käse hinzufügen. Bei kleiner Hitze rühren, bis der Käse schmilzt, die Gemüsebrühe dazugießen und aufkochen. Alles im offenen Topf ca. 10 Minuten köcheln lassen und dabei immer wieder mit dem Schneebesen durchrühren. Die Suppe pikant würzen. Den Räucherlachs in feine Streifen schneiden und mit der Kresse unter die Suppe mischen.

Bornaer Zwiebelsuppe

Sachsen

Zutaten für 4 Portionen:

800 g Zwiebeln
1200 g Kartoffeln, 30 g Mehl
4 Äpfel
0,5 l Sahne
100 g Margarine
3 l Brühe
3 EL Meerrettich
80 g Speckwürfel
Kümmel, Salz

Die Kartoffeln schälen, in Würfel schneiden und in der Brühe kochen. Kümmel und Salz dazugeben. In der Margarine Speckwürfel und Zwiebelscheiben dünsten. Nach Belieben etwas Mehl darüber streuen und zu den Kartoffeln geben. Die geriebenen Äpfel, den Meerrettich und das Salz in der Sahne verrühren und die Suppe zum Schluss damit abschmecken.

Fränkische Karpfen-Meerrettich-Suppe

Zutaten für 4–8 Portionen:

- *1 kleiner Karpfen*
- *2 EL Butter*
- *1/2 l Weißwein*
- *1/2 l Gemüsebrühe, ggf. Instant*
- *1 Karotte*
- *1 Lauchstange, 1 Stück Sellerie*
- *1 Lorbeerblatt*
- *2 Nelken*
- *1 Messerspitze Nelkenpfeffer (Piment)*
- *Pfefferkörner*
- *Dillstängel*
- *Sahne (0,1 l je Portion)*
- *Meerrettich, frisch gerieben*
- *Dill zum Garnieren*

Ein kleiner Karpfen reicht für vier bis acht Personen. Den Fisch vom Händler töten und filetieren lassen. Kopf und Gräten mit einem Löffel Butter in einen Topf geben. Mit 1/2 l Weißwein und 1/2 l Gemüsebrühe auffüllen, aufkochen und den Schaum abschöpfen. Eine Karotte, eine Lauchstange, ein Stück Sellerie, Lorbeerblatt, zwei Nelken, Piment und Pfefferkörner sowie Dillstängel dazu und 40 Minuten leise köcheln. Gemüse herausheben und den Fond abseihen. Das lässt sich vorbereiten. Zur Fertigstellung pro Portion 0,1 l Fond mit 0,1 l Sahne reduzieren, einen Löffel Butter einmixen und einen Löffel frisch geriebenen Meerrettich in jede Suppe einrühren. Einige Streifen kurz gebratenes Karpfenfilet in die Suppe geben und mit frischem Dill garnieren.

Gerstensuppe mit Roten Rüben und Kren

Bayern

Zutaten:

- *0,5 l Gemüsebrühe*
- *250 ml Milch*
- *1 Zwiebel, fein gehackt*
- *50 g einer Meerrettichwurzel*
- *300 g Rote Rüben*
- *50 g Gerstenschrot*
- *3 EL Süßer Rahm*
- *1 EL Butterschmalz oder Öl*
- *2 EL Schnittlauch in Röllchen*

Fett in einem Topf erhitzen. Gerstenschrot und Zwiebel darin bei schwacher Hitze rösten, bis die Zwiebel glasig ist. Brühe dazugießen, aufkochen und die Suppe zugedeckt bei schwacher Hitze 15 Minuten garen. Rüben schälen und fein raspeln. In die Suppe geben, erneut aufkochen und zugedeckt bei schwacher Hitze zehn Minuten garen. Meerrettich schälen, waschen und fein reiben. Milch, Sahne und Meerrettich in die Suppe geben. Erhitzen, aber nicht mehr aufkochen.

Suppe mit Schnittlauch bestreut anrichten.

Geschäumte Meerrettichsuppe

Zutaten für 4 Personen:

Brühe:

400 g Rinder- oder Kalbsknochen
1 Bund Suppengemüse, geputzt und gewürfelt
Salz, Pfeffer aus der Mühle

Suppe:

1 Schalotte, gewürfelt
40 g Butter
100 g Merrettich, frisch gerieben
1 rohe Kartoffel, gerieben
100 ml Schlagsahne
2 Eigelb
Salz, Pfeffer aus der Mühle
heller Essig nach Geschmack

Zutaten für die Brühe mit 1½ Liter Wasser 3 Stunden köcheln lassen. Mit Salz und Pfeffer würzen und durch ein Sieb gießen.

Für die Suppe Schalottenwürfel in Butter glasig dünsten. Meerrettich und Kartoffel dazurühren, einen Liter Brühe zugießen. Suppe 10 Minuten köcheln, pürieren und durch ein feines Sieb streichen.

Sahne und Eigelb verquirlen, nach und nach in die Suppe rühren und nicht mehr kochen. Mit Salz, Pfeffer und Essig abschmecken, noch einmal aufmixen und mit etwas geschlagener Sahne in vorgewärmten Tellern servieren.

Gesunde Krensuppe

Österreich

Zutaten:

60 g Mehl
6 EL kalte Milch
11/2 l Rindssuppe (evtl. Würfel)
3 EL Kren, geraspelt
2 TL Butter
1 EL Sauerrahm

Man rührt das Mehl mit der kalten Milch vollkommen glatt. Diese Mischung mit einem Schneebesen in die kochende Rinds- oder Würfelsuppe einschlagen und unter ständigem Rühren zwei Minuten kochen lassen. In der Zwischenzeit den Kren geraspelt unterrühren.

Besonders gut schmeckt die Suppe, wenn Sie vor dem Servieren noch flüssiges Schlagobers (Sahne) unterrühren.

Grüne KräutercremeSuppe

mit Meerrettich-Croutons

Zutaten für 4 Portionen:

- *4 Frühlingszwiebeln*
- *1 EL Butter*
- *3/4 l Wasser*
- *1/4 l süße Sahne*
- *2 Päckchen „8 Kräuter", tiefgefroren*
- *4 EL Sahnemeerrettich*
- *1 Schuss Weißwein*
- *Soßenbinder für helle Soßen*
- *2 Scheiben getoastetes Toastbrot*

Frühlingszwiebeln waschen, klein schneiden und 5 Minuten in Butter anbraten. Mit Wasser und süßer Sahne aufgießen. Kräuter und Meerrettich zugeben und 5 Minuten kochen. Ein Schuss Weißwein macht die Suppe noch feiner. Nach Belieben mit Soßenbinder für helle Soßen binden. Aus den Toastbroten große Rauten schneiden und mit Rosetten aus Meerrettich garnieren. Suppe in Tellern anrichten und die Croutons darauf geben.

Hagebutten-Creme-Suppe mit Sellerie

und Meerrettich

Zutaten:

- *2 EL Kürbiskerne*
- *250 g Hagebutten*
- *50 g Zwiebeln*
- *200 g Knollensellerie*
- *10 g Butter*
- *500 ml Gemüsebrühe*
- *100 ml Apfelsaft*
- *3–4 EL frisch geriebener Meerrettich*
- *1–2 EL Zitronensaft*
- *1 Prise Meersalz*
- *1 Messerspitze Koriander*
- *1 Messerspitze Muskat*
- *1/2 TL Honig*
- *1 Prise Pfeffer*

Kürbiskerne in einer trockenen Pfanne leicht rösten und grob hacken. Hagebutten längs halbieren, Kerne und Samenhaare entfernen und mehrmals sehr gründlich waschen, so dass die Samenhaare vollständig entfernt werden.

Zwiebeln fein, Sellerie grob würfeln und in Butter anschwitzen, mit Gemüsebrühe und Apfelsaft ablöschen, Hagebutten, 1–2 EL Meerrettich, Zitronensaft, Meersalz, Koriander, Muskat und Honig zugeben und zugedeckt köcheln lassen, bis das Gemüse weich ist, durch ein Sieb passieren, dann pfeffern und abschmecken. Sahne steif schlagen, etwa 2 EL Meerrettich unterziehen, portionsweise auf die Suppe dressieren und mit Kürbiskernen bestreut servieren.

Herbstprinz-Meerrettich-Suppe

mit geräucherten Forellenfilets

Zutaten:

- *1 kg Äpfel (Finkenwerder Herbstprinz)*
- *1–2 Zitronen*
- *1 Stange Meerrettich*
- *1 Flasche Apfelsaft, sortenrein*
- *1–2 geräucherte Forellenfilets*
- *etwas Petersilie*
- *Salz und Pfeffer*

Äpfel schälen, vierteln, putzen und in Zitronenwasser legen. Dann weich dünsten, pürieren und weiter köcheln lassen.

Meerrettich putzen, schälen und nach Geschmack hineinreiben. Das Ganze bei Bedarf mit Apfelsaft verlängern. Die geräucherten Forellenfilets in dünne Scheiben schneiden und kurz vor dem Servieren in den Suppenteller legen. Petersilie fein hacken. Die Herbstprinz-Meerrettich-Suppe mit Salz und Pfeffer abschmecken, in Teller füllen und Petersilie darüber streuen.

Kartoffel-Meerrettich-Suppe

mit Räucherforelle

Zutaten:

- *700–750 g Kartoffeln*
- *150 g Zwiebeln*
- *20 g Butter oder Margarine*
- *1$^{1}/_{2}$ l Gemüsebrühe (ggf. Instant)*
- *200 ml Schlagsahne*
- *2 EL Meerrettich (Glas)*
- *Salz*
- *Pfeffer*
- *1 TL Weißweinessig*
- *Kresse*
- *200 g Räucherforellenfilets*

Kartoffeln waschen und schälen, Zwiebeln gleichfalls schälen, beides grob würfeln und in der Butter bei guter Hitze kurz anbraten. Mit der Gemüsebrühe aufgießen und 25 Minuten bei leichter Hitze köcheln lassen. 5 Minuten vor Ende der Garzeit Schlagsahne und Meerrettich hinzugeben. Mit dem Mixstab pürieren, mit Salz, Pfeffer und Essig abschmecken. Abschließend mit der geschnittenen Kresse und den in Streifen geschnittenen Räucherforellenfilets servieren.

Kartoffelsuppe mit Meerrettich

Zutaten für 4 Portionen:

- *500 g mehlig kochende Kartoffeln*
- *250 g Zwiebeln*
- *2 EL kaltgepresstes Maiskeimöl*
- *800 ml Wasser*
- *2 Gemüsebrühwürfel*
- *10 EL Milch*
- *6 EL frisch geriebener Meerrettich*
- *100 g Sahne*
- *4 EL fein geraspelte Rote Bete*

Die Kartoffeln waschen und dünn schälen. Die Zwiebeln grob würfeln. Das Öl mit 1 EL Wasser in einem Topf erhitzen und die Zwiebeln glasig dünsten. Das restliche Wasser und die Brühwürfel dazugeben und aufkochen lassen.

Die Kartoffeln mit der Reibe in die Brühe raspeln. Die Suppe etwa 15 Minuten kochen, dann mit dem Pürierstab im Topf fein pürieren. Die Milch und den Meerrettich in die Suppe rühren, nicht mehr kochen. Die Sahne steif schlagen und unterziehen.

Die Suppe auf vorgewärmte Teller verteilen und auf jede Portion 1 Esslöffel geraspelte Rote Bete setzen.

Krensuppe

Zutaten für 4 Personen:

- *2 Zwiebeln*
- *50 g Butter*
- *2 Knoblauchzehen*
- *2 EL Weißweinessig*
- *1 l Rinderfond*
- *400 g Schlagsahne*
- *Salz, Pfeffer*
- *Muskatnuss, frisch gerieben*
- *150 g frischer Meerrettich*

Zwiebeln abziehen, in feine Würfel schneiden und in Butter andünsten. Knoblauch dazu pressen, Essig und Rinderfond zugießen. 10 Minuten ohne Deckel köcheln. Sahne zufügen und mit Salz, Pfeffer und Muskatnuss abschmecken.

Meerrettich schälen, auf der Reibe fein raspeln und in die Suppe geben. 5 Minuten köcheln, dann durch ein Sieb gießen und sehr gut ausdrücken.

Die Suppe noch einmal aufkochen und servieren.

Krensuppe mit Surstelze (Haxe)

Österreich

Zutaten für 4 Personen:

- *1 gesurte Schweinsstelze (Haxe)*
- *1 Nelke*
- *5 Pfefferkörner, 1 Lorbeerblatt*
- *1 Speckschwarte*
- *1 Salbeiblatt*
- *2 Karotten*
- *1 Zwiebel*
- *4 Schalotten*
- *2 Knoblauchzehen*
- *1 EL Butter*
- *1/4 l Schlagobers (Sahne)*
- *1/4 l Sauerrahm*
- *200 g Meerrettich, gerieben*
- *50 g Meerrettich, geraspelt*
- *Salz und Pfeffer*

Die Surstelze mit Nelke, Pfefferkörnern, Lorbeerblatt, Speckschwarte, Salbei, geschälten Karotten und Zwiebel etwa 2½ Stunden sieden. Das Fleisch ist gar, wenn sich der Knochen leicht vom Fleisch löst. Die Schalotten schälen und klein schneiden. Mit geschältem und gepresstem Knoblauch in Butter anschwitzen und mit 1 l Kochwasser von der Stelze und Schlagobers aufgießen. ½ Stunde köcheln lassen. Sauerrahm und geriebenen Kren dazugeben und nochmals 2 Minuten köcheln lassen. Die Suppe abseihen und mit viel Butter aufmixen, dass sich eine mäßig sämige Konsistenz ergibt. Mit Salz und Pfeffer abschmecken. Die Stelze in kleine Stücke teilen. Das Fleisch in Suppenteller geben, mit geraspeltem Meerrettich bestreuen und mit Suppe aufgießen.

Linseneintopf mit Sahnemeerrettich

Zutaten für 4 Portionen:

- *100 g durchwachsener Speck*
- *150 g Zwiebeln, 30 g Butter*
- *250 g Kartoffeln*
- *Salz, Pfeffer aus der Mühle*
- *800 g Kasseler am Stück*
- *1 Dose Linsen (EW 800 g)*
- *250 g Äpfel, Zucker, Majoran*
- *150 ml Sahne, etwa 6 cm einer Meerrettichstange*

Den Speck ohne Schwarte zunächst in Scheiben, dann in Streifen schneiden. Die Zwiebeln schälen und längs in schmale Spalten schneiden. Den Speck ausbraten, Butter zugeben und die Zwiebeln darin glasig andünsten. Die Kartoffeln schälen und würfeln, dazugeben und mitdünsten. Mit Salz und Pfeffer würzen. Das Fleisch auf das Gemüse legen. Linsen auf ein Sieb geben und abspülen. Über das Fleisch geben. Die Äpfel schälen und vierteln, Kerngehäuse entfernen, Apfelviertel würfeln und auf die Linsen legen. Mit Salz, Zucker und Majoran würzen. Dann gut ¼ l Wasser zugießen. Den Eintopf zugedeckt bei milder Hitze 30 Minuten garen. Das Fleisch herausnehmen. Den Eintopf mischen und abschmecken. Mit dem Fleisch warm halten. Die Sahne steif schlagen. Mit je einer Prise Salz und Zucker würzen. Den Meerrettich schälen und reiben, sofort unter die Sahne heben. Eintopf und Fleisch in einer Schüssel anrichten. Etwas Sahnemeerrettich darüber geben, Rest extra servieren. Fleisch am Tisch in Scheiben schneiden.

Linsensuppe mit Apfelmeerrettich

Zutaten für 4 Portionen:

100 g Bacon (Frühstücksspeck)
1 EL Butterschmalz
2 Zwiebeln
1/2 Bund Suppengrün
150 g Linsen
800 ml Rinderbrühe
400 ml Wasser
70 g Paprikamark
200 ml Sahne
Salz, Pfeffer
1 Bund Petersilie
50 g Meerrettich (Glas)
1/2 Apfel
1 EL Zitronensaft

Den Bacon in feine Streifen schneiden und im Butterschmalz knusprig ausbraten. Mit einer Schaumkelle herausnehmen und auf Küchenpapier abtropfen lassen. Zwiebeln und Suppengrün putzen, würfeln und im Speckfett andünsten. Die Linsen unterrühren, Rinderfond und Wasser zugießen. Auf kleiner Temperatur kochen lassen. Dann mit Schneidestab kurz pürieren. Paprikamark mit 2/3 der Sahne verrühren, in die Suppe geben und aufkochen. Würzen und die fein gehackte Petersilie unterrühren. Die restliche Sahne mit dem Meerrettich verrühren, den fein geraspelten Apfel dazugeben und mit Zitronensaft mischen. Die Suppe in heiße Suppentassen füllen und mit Bacon bestreuen. Die Meerrettichsahne extra dazu servieren.

Meerrettichcreme-Suppe I

Zutaten für 4 Personen:

4 Scheiben Toastbrot (100 g)
80 g Butter oder Margarine
50–70 g frischer Meerrettich
1–2 EL Mehl
1/2 l Brühe (auch Instant)
1/8 l Schlagsahne
4 EL Weißwein
Zitronensaft
Salz
1 Bund Schnittlauch

Toastbrot ohne Rinde würfeln, in 40 g Butter oder Margarine goldbraun braten, zur Seite stellen.

Den Meerrettich waschen, schälen, auf der Haushaltsreibe (oder in der Küchenmaschine) fein reiben.

Restliche Butter oder Margarine im Topf schmelzen, Mehl kurz darin anschwitzen. Brühe unter Rühren zugießen. Suppe 15 Minuten kochen.

Sahne zugießen. Suppe mit Meerrettich, Wein, Zitronensaft und Salz würzen.

Schnittlauch in feine Röllchen schneiden. Schnittlauch und Brotwürfel auf die Suppe streuen.

Meerrettichcreme-Suppe II

Zutaten für 4 Personen:

750 g Ochsenbrust
1 1/2 l Wasser, 1 Bund Suppenkraut
Salz, 1 Lorbeerblatt
4 Gewürznelken, 10 Pfefferkörner
2 Zwiebeln, 300 g dicke Möhren
150 g Erbsen (auch TK-Ware)
150 g Meerrettich, frisch
40 g Mehl, 50 g Crème fraîche
2 1/2 TL Essig-Essenz (25 %)
Zucker nach Geschmack
4 Scheiben Toast, 20 g Butter

Fleisch in Wasser mit geputztem Suppenkraut, Gewürzen und geschälten Zwiebeln ca. 90 Minuten garen (im Dampfkochtopf dauert es nur 35–40 Minuten). 20 Minuten vor Ende der Garzeit die geschälten, ganzen Möhren dazugeben. Brühe durch ein Sieb gießen, abkühlen lassen. Fleisch von Fett und Knochen befreien, in Streifen schneiden. Erbsen ggf. auftauen lassen. Möhren in Scheiben schneiden, mit einem Gebäckausstecher kleine Blümchen ausstechen. Fett von der Brühe abschöpfen, in einem großen Topf erhitzen. Geschälten, fein geriebenen Meerrettich darin 5 Minuten andünsten. Mehl dazugeben, gut durchrühren, mit Brühe auffüllen, unter Rühren aufkochen lassen. Mit Crème fraîche, Essig-Essenz und Zucker kräftig abschmecken, Erbsen, Möhrenblümchen und Fleischstreifen in der Suppe erhitzen. Toastbrot ohne Rinde klein würfeln, in Butter in einer Pfanne goldgelb rösten. Suppenportionen vor dem Servieren mit Brotwürfeln bestreuen.

Meerrettichcreme-Suppe

Fränkische Schweiz

Zutaten:

1 EL Butter oder Margarine
1 Zwiebel
5 EL Meerrettich aus dem Glas
200 g Doppelrahm-Frischkäse
1 l Gemüsebrühe
Salz
Pfeffer
Zitronensaft
150 g Räucherlachs
Kresse

Fein gehackte Zwiebel in Fett andünsten. Meerrettich und Käse hinzugeben. Bei milder Hitze rühren, bis der Käse schmilzt. Gemüsebrühe zugießen, aufkochen. Alles im offenen Topf 10 Minuten köcheln. Immer wieder mit dem Schneebesen durchrühren. Suppe pikant würzen. Räucherlachs in feine Streifen schneiden und mit Kresse unter die Suppe mischen.

Meerrettichcreme-Suppe mit Möhren

Zutaten für 4 Personen:

- 40 g Butter
- 2 EL Mehl
- 1/2 l Gemüse- oder Fleischbrühe
- 1/8 l Sahne
- 50–70 g geriebener Meerrettich
- 2 EL Weißwein
- Zitronensaft
- Pfeffer
- 2 Möhren, in Blüten geschnitten und kurz gedünstet
- 2 Scheiben Toastbrot, gewürfelt und in etwas Butter goldbraun gebraten
- 1/2 Bund Schnittlauch, in feine Röllchen geschnitten

Die Butter im Topf schmelzen lassen, Mehl darin anschwitzen und mit der Gemüse- oder Fleischbrühe ablöschen. Alles etwa 20 Minuten köcheln lassen. Sahne dazugießen. Die Suppe mit Meerrettich, Weißwein und Gewürzen abschmecken. Möhren unterrühren. In Suppentellern mit Brotwürfeln und Schnittlauchröllchen servieren.

Meerrettichsahne-Suppe

mit Räucherlachs und Dill

Zutaten für 8 Personen:

- 150 g frischer Meerrettich
- 80 g Butter
- 60 g Mehl
- $1^1/_2$ l Rinderbrühe (Instant)
- 1/8 l Weißwein, trocken
- 250 g Räucherlachs
- 1/8 l Schlagsahne
- 3 Bund Dill
- Salz, Pfeffer
- 2 EL Zitronensaft
- 2 EL Zucker

Meerrettich schälen, waschen und fein raspeln. Butter in einem Topf schmelzen lassen. Das Mehl darin anschwitzen und mit der Rinderbrühe und Weißwein ablöschen. Meerrettich dazugeben. Das Ganze zum Kochen bringen und bei kleiner Hitze 10–15 Minuten köcheln lassen, dabei ab und zu umrühren.

Den Räucherlachs in feine Streifen schneiden. Die Sahne steif schlagen. Den Dill hacken und unter die Sahne rühren.

Die Suppe mit Zitronensaft, Salz, Pfeffer und Zucker kräftig würzen. Zum Schluss die Dill-Sahne unterheben und die Lachsstreifen dazu servieren.

Meerrettich-Samtsuppe mit Tresterbrand

und geräuchertem Forellenfilet

Zutaten für 4 Personen:

3/4 l helle gebundene Grundsuppe (Instant)
3 EL Meerrettich (fein gerieben, aus dem Glas)
1/8 l trockener Weißwein zum Verfeinern
1/2 Zitrone zum Würzen
2 cl Traminerbrand (Tresterbrand)
1/8 l geschlagene Sahne
2 Forellenfilets, geräuchert
1 EL Semmelbrösel
1 EL frisch gehackte Gartenkräuter (Petersilie, Kerbel, Dill, Bärlauch)
1 TL flüssige Butter
Salz und Pfeffer aus der Mühle

Helle Grundsuppe aufkochen, mit Weißwein, etwas Zitronensaft, Meerrettich aromatisch abrunden. Geschlagene Sahne unterrühren und nochmals kurz aufköcheln. Wenn keine Würzung mehr notwendig, den Tresterbrand zugeben, umrühren und sofort mit dem überbackenen Forellenfilet servieren.

In der Zwischenzeit die Gartenkräuter fein hacken, mit der flüssigen Butter und den Semmelbröseln mischen, leicht salzen und auf kleine Portionsgrößen von dem Forellenfilet (ohne Haut), ca. 4 Teile, auflegen und im Grill goldgelb überbacken.

Meerrettich-Schaumsuppe

mit knusprigem Erdäpfel-Speck-Gebäck

Zutaten für 4 Personen:

200 g mehlige Erdäpfel
0,7 l Rindsuppe
1/4 l Schlagsahne
2 Lorbeerblätter
100 g Meerrettich, gerieben
100 g Butter, kalt

Erdäpfel-Speck-Gebäck:

100 g speckige Erdäpfel
8 Scheiben Hamburgerspeck
Fett zum Ausbacken

Zum Garnieren:

frische Küchenkräuter
Kürbiskernöl

Mehlige Erdäpfel waschen, schälen und in kleine Würfel schneiden. Rindsuppe, Sahne und Lorbeerblätter zugeben und weich kochen. Mit der kalten Butter und dem Meerrettich mixen und abschmecken.

Speckige Erdäpfel schälen, in dünne Streifen schneiden. Kleine Erdäpfelrollen formen, in eine Scheibe Speck einwickeln und mit Zahnstochern zusammenhalten. In Fett schwimmend herausbacken. Die Suppe in tiefen Tellern anrichten, die Erdäpfelrollen hineingeben, mit den Küchenkräutern und dem Kürbiskernöl garnieren.

Meerrettichsüppchen mit Lachsstreifen

Zutaten für 4 Personen:

5 EL Meerrettich
1 Zwiebel
1 EL Butter
200 g Doppelrahm-Frischkäse
1 Messerspitze Cayennepfeffer
3/4 l milde Gemüsebrühe
weißer Pfeffer
etwas Zitronensaft
75 g Räucherlachs
1 Kressebeet oder Kräutermischung

Die Zwiebel fein hacken und in der heißen Butter weich dünsten. Meerrettich und den Doppelrahm-Frischkäse zufügen. Die Gemüsebouillon aufgießen und 10 Minuten köcheln lassen.

Man sollte die Meerrettichcremesuppe nochmals durchrühren und mit Pfeffer, Cayennepfeffer und Zitronensaft abschmecken.

Den Lachs in feine schmale Streifen schneiden und die Meerrettichcremesuppe in 4 Suppenteller verteilen. Die Lachsstreifen und die Kresse oder Kräutermischung auf die Suppenteller verteilen.

Meerrettichsuppe

Zutaten für 4 Personen:

1 kleine Zwiebel
1 EL Butter
5 EL geriebener Meerrettich
200 g Doppelrahm-Frischkäse
1 l Gemüsebrühe
Salz, Pfeffer, Zitronensaft
150 g Räucherlachs in Scheiben
1 Kästchen Kresse

Zwiebel schälen und fein hacken. Die Butter in einem Topf schmelzen. Die Zwiebelwürfel darin bei milder Hitze weich dünsten, sie dürfen jedoch nicht bräunen. Den Meerrettich und den Frischkäse zufügen. Bei milder Hitze rühren, bis der Frischkäse zu schmelzen beginnt.

Die Gemüsebrühe dazugießen, mit dem Frischkäse vermengen, aufkochen und alles im offenen Topf 10 Minuten köcheln lassen, dabei immer wieder mit dem Schneebesen durchrühren. Die Suppe mit Salz, Pfeffer und Zitronensaft pikant abschmecken.

Den Räucherlachs in sehr feine Streifen schneiden. Die Kresse gründlich abbrausen, die Blättchen mit der Küchenschere abschneiden und, bis auf einige Blättchen, unter die Suppe mischen.

Die Suppe auf tiefe Teller oder Suppentassen verteilen und mit den Lachsstreifen bestreuen. Mit der restlichen Kresse garnieren und sofort servieren.

Meerrettichsuppe mit Shrimps

Zutaten:

1 Liter Gemüsebrühe
1 Packung Philadelphia Frischkäse
2 kleine Zwiebeln
Meerrettich
Shrimps

Zwiebeln in Butter glasig dünsten. Mit Gemüsebrühe ablöschen. Frischkäse dazugeben und auflösen.

Meerrettich unterrühren (Menge nach Belieben).

Shrimps dazugeben und mit Pfeffer und Salz nachwürzen.

Niederbühler Meerrettichcreme-Suppe

Zutaten:

4 Scheiben Toastbrot à 100 g
80 g Butter oder Margarine
50–70 g frischer Meerrettich
1–2 EL Mehl
1/2 l Brühe (ggf. Instant)
1/8 l Sahne
4 EL Weißwein
Zitronensaft
Salz
1 Bund Schnittlauch

Toastbrot ohne Rinde würfeln, in 40 g Butter oder Margarine goldbraun braten, zur Seite stellen.

Den Meerrettich waschen, schälen, auf der Haushaltsreibe (oder in der Küchenmaschine) fein reiben.

Restliche Butter oder Margarine im Topf schmelzen, Mehl kurz darin anschwitzen, Brühe unter Rühren zugießen. Suppe 15 Minuten kochen.

Sahne zugießen, Suppe mit Meerrettich, Wein, Zitronensaft und Salz würzen.

Schnittlauch in feine Röllchen schneiden, Schnittlauch und Brotwürfel auf die Suppe streuen.

Rote-Bete-Suppe mit Kren

Zutaten für 4 Personen:

- 100 g Zwiebeln
- 1 EL Butter (10 g)
- 75 g geschälte Kartoffeln
- 350 g Rote Bete
- 500 ml Gemüsebrühe
- 1 Lorbeerblatt
- 1 Prise gemahlene Nelken
- Kümmel, Koriander, Meersalz
- 4 EL Apfelessig
- 4–6 EL frisch geriebener Meerrettich
- 50 g Sahne

Zwiebeln fein würfeln und in Butter anschwitzen. Kartoffeln und Rote Bete würfeln, zugeben und Gemüsebrühe angießen. Lorbeerblatt, Nelken, Kümmel, Koriander, Meersalz und Apfelessig zugeben, zugedeckt bei milder Hitze weich kochen und Lorbeerblatt entfernen. 1–2 Esslöffel Meerrettich zugeben, mit dem Mixstab fein pürieren. Suppe erhitzen, eventuell mit Essig abschmecken.

Sahne steif schlagen und mit Meerrettich vermischen. Suppe in Suppenteller füllen, jeweils einen Klecks Meerrettichsahne zugeben und servieren.

Rote-Bete-Suppe mit Meerrettich

Zutaten:

- 800 g Rote Bete
- 3/4 l Hühnerbrühe (ggf. Instant)
- 150 g Crème fraîche
- Salz, Pfeffer
- 1 EL frisch geriebener Meerrettich
- 1 Apfel

Rote Bete schälen und in Würfel schneiden. In Hühnerbrühe 25 Minuten kochen. Das Gemüse im Mixer oder mit dem Pürierstab des Handrührgerätes pürieren und wieder zur Brühe geben. Crème fraîche unterrühren. Die Suppe erhitzen und mit Salz, Pfeffer und Meerrettich abschmecken. Kurz vor dem Servieren den Apfel schälen und grob raffeln. Zum Essen auf jede Portion Suppe einen Esslöffel Apfelraspeln geben.

Rote-Bete-Suppe mit Meerrettich-Sahne

Zutaten:

350 g Rote Bete, geschält, in Würfel geschnitten
100 g Zwiebeln, geschält, in Würfel geschnitten
10 g Margarine
3/4 l Gemüsebrühe
150 g Sahne
2–3 TL frisch geriebene Meerrettichwurzel
2 TL Basilikum, getrocknet
2 TL Edelhefe
1 Messerspitze Muskatnuss
1 Messerspitze Ingwer
1 TL Schabzigerklee
1 Messerspitze Paprika

Margarine erhitzen, Zwiebeln und Rote Bete darin andünsten. Mit Gemüsebrühe ablöschen und 30 Minuten leicht köcheln lassen. Die Suppe mit dem Pürierstab pürieren und mit den Gewürzen abschmecken. Die Sahne steif schlagen und den fein geriebenen Meerrettich unterrühren. Die Hälfte der Meerrettich-Sahne sofort unter die Suppe heben. Die Suppe in Suppentassen servieren und mit der restlichen Sahne garnieren.

Rote-Rüben-Suppe mit Krennockerl

Österreich

Zutaten für 4 Portionen:

Suppe:

30 g gehackte Zwiebeln
20 g Butter, 1/16 l Weißwein
3/4 l Gemüsefond
300 g geschnittene Rote Rüben
2 EL Sherryessig, Kümmel, Salz, Pfeffer, 1 TL Honig
1 TL gerissener (geriebener) Kren
1/16 l Sauerrahm, 10 g Dinkelmehl

Krennockerl:

60 g Topfen (Quark), 1 Eiweiß
40 g Dinkelmehl, 1 TL Kren
Salz, Muskat

Suppe
Zwiebeln in Butter anschwitzen, mit Weißwein ablöschen, mit einem viertel Liter Gemüsefond aufgießen und Rote Rüben dazugeben. Mit Sherryessig, Kümmel, Salz und Pfeffer würzen und dünsten. Das Ganze im Mixer pürieren. Mit dem restlichen Gemüsefond die Konsistenz der Suppe regulieren. Mit Honig und Kren abschmecken. Sauerrahm mit Dinkelmehl verrühren, in die Suppe gießen und kurz verkochen lassen.

Krennockerl
Das Eiweiß zu Schnee schlagen und mit dem passierten Magertopfen (Quark), Kren, Dinkelgrieß und den Gewürzen vermengen. Mit zwei Löffeln kleine Nockerl formen und in leicht kochendem Salzwasser 10 Minuten ziehen lassen.
Die Krensuppe mit Gartenkresse garnieren.

Rote-Bete-Apfel-Suppe mit Meerrettichnocken

Zutaten für 4 Portionen:

800 ml Geflügelfond oder -brühe (ggf. auch Instant)
300 g säuerliche Äpfel
900 g Rote Bete
50 g Butter kalt
100 g Kartoffeln, 2 Eigelb
20 g Mehl, 40 g Grieß
20 g Meerrettich, frisch gerieben oder aus dem Glas
Salz, Kerbel zum Dekorieren

Die Rote Bete gar kochen und schälen. Danach mit eigener Fantasie aus dem Gemüse Perlen ausstechen oder Würfel schneiden, die später die Einlage „mit Biss“ bilden. Die restlichen Rote Bete mit den gewaschenen und entkernten Äpfeln in der Brühe zum Kochen bringen, ca. 10 Minuten ziehen lassen. Gemüse und Äpfel in der Brühe pürieren, das Ganze durch ein Sieb streichen und die kalte Butter untermixen. Nur mit Pfeffer und Salz abschmecken.

Für die Meerrettichnocken die Kartoffeln schälen und in Wasser garen. Die gekochten Kartoffeln zweimal durch die Kartoffelpresse drücken. Etwas abkühlen lassen und die anderen Zutaten unterrühren. Dann mit 2 Teelöffeln längliche Nocken abstechen und in siedendem Salzwasser 5 Minuten garen.

Die Nocken in die angerichtete Suppe geben und mit Kerbel dekorieren.

Sauerkraut-Meerrettich-Suppe

mit gebratenen Blutwurstscheiben

Zutaten für 2 Personen:

2 Schalotten
1 Knoblauchzehe
1/8 l Weißwein
1/4 l Gemüsebrühe, 1/8 l Sahne
50 g Kartoffeln, fein gerieben
50 g Sauerkraut mit etwas Saft
50 g Meerrettich, gerieben
1 Lorbeerblatt, 1 Thymianzweig, 1 Nelke
2 EL Butter, 1 EL Mehl
100 g Blutwurstscheiben
Salz, Pfeffer, Cayennepfeffer

Die Schalotten und die Knoblauchzehe fein hacken und in einem Topf mit 1 Esslöffel Butter andünsten. Dann alles mit Wein und Brühe auffüllen. Das Lorbeerblatt, Nelke, Thymianzweig, fein geriebene Kartoffeln und Sauerkraut dazugeben. Mit Pfeffer, Salz und Cayennepfeffer würzen und 15 Minuten köcheln lassen. Anschließend Nelke, Lorbeerblatt und Thymianzweig herausnehmen.

Die Suppe pürieren, den fein geriebenen Meerrettich einstreuen, die Sahne zugeben und alles noch einmal kurz aufkochen.

Abschließend mit Salz und Pfeffer abschmecken.

Die Blutwurstscheiben in Mehl wenden und in Butter von beiden Seiten jeweils 1 Minute anbraten. Die Suppe mit den Blutwurstscheiben anrichten.

Schaffhauser Wurstsuppe

Schweiz

Zutaten für 4–5 Personen:

400–500 g Schinken- oder Zungenwurst
1 1/2–2 l Fleisch- oder Gemüsebrühe
1 besteckte Zwiebel
1 Bund Suppengrün
600 g Knollensellerie mit Grün
1–2 Kartoffeln
1 Stück (ca. 8 cm) Meerrettich
Oregano oder Majoran nach Belieben
4–5 EL Sauerrahm
Salz, Pfeffer
Zitronensaft

Bouillon aufkochen, Suppengrün und Zwiebel zugeben und 10 Minuten köcheln. Sellerie, Kartoffeln und Meerrettich schälen und raffeln. Mit Kräutern in Bouillon geben und weitere 25 Minuten köcheln lassen.

Zwiebel und Suppengrün entfernen. Suppe mit Stabmixer pürieren. Sauerrahm unterrühren.

Würste in 2 cm breite Stücke schneiden, zur Suppe geben und aufkochen. Mit Salz, Pfeffer und Zitronensaft abschmecken.

Fein geschnittenes Selleriegrün darüber streuen.

Steckrüben-Meerrettich-Suppe

Zutaten für 6 Portionen:

200 g Steckrüben
100 g Kartoffeln
10 g Butter
600 ml Gemüsebrühe
1 EL Kürbiskerne
60 g Sahne
30–50 g fein geriebener Meerrettich
Muskatnuss
1/2 TL Koriander
Meersalz

Steckrüben und Kartoffeln fein würfeln oder grob raspeln, in Butter anschwitzen, Gemüsebrühe zugeben und aufkochen. Zugedeckt garen, bis das Gemüse weich geworden ist. Inzwischen Kürbiskerne grob hacken und Sahne steif schlagen, 2 Esslöffel Sahne abnehmen und beiseite stellen, restliche Sahne mit 2–3 Esslöffeln Meerrettich vermischen, abschmecken und kühl stellen.

Suppe pürieren und nach Wunsch durch ein Sieb passieren. Meerrettich nach Geschmack zugeben, erhitzen, die Extrasahne, Muskatnuss, Koriander und Meersalz unterrühren und abschmecken. Suppe auf Portionsteller geben, Meerrettichsahne darauf geben und Kürbiskerne darüber streuen.

Fisch

Brat-Aal in Ei-Meerrettich-Kruste

Zutaten für 4 Personen:

1 kg kleinere Aale
2 verquirlte Eier
3 EL Meerrettich
1 Bund Petersilie
Saft einer Zitrone
6 gehäufte EL Mehl
3 gehäufte EL Paniermehl
80 g Butter, 1/2 TL Zucker

Die ausgenommenen Aale säubern, kalt spülen und abziehen. Flossensäume mit Schere abschneiden. Aale in ca. 8 cm lange Stücke teilen, mit Zitronensaft beträufeln und 15 Minuten stehen lassen.

Aalstücke trockentupfen, mit Salz und etwas Pfeffer würzen. Butter in großer Pfanne nicht zu stark erhitzen. 3 Esslöffel Meerrettich, 1/4 Teelöffel Salz, 1/2 Teelöffel Zucker mit den verschlagenen Eiern verrühren. Mehl mit Paniermehl vermengen. Aalstücke erst in der Eimasse, danach in der Panade wenden, dann in der aufschäumenden Butter unter Wenden bei mäßiger Hitze etwa 8–10 Minuten ohne Deckel goldbraun gar braten. Petersilie spülen, trockenschwenken, von den Stielen befreien und hacken. Aalstücke der Pfanne entnehmen und mit etwas Petersilie bestreuen. Übrige Petersilie über Salzkartoffeln geben.

Als Beilagen sind süß-sauer angemachter Gurkensalat mit frischen Dillspitzen und Petersilienkartoffeln besonders geeignet.

Buchweizen-Pfannkuchen

mit Lachs und Meerrettich

Zutaten für 6 Portionen:

50 g Buchweizenmehl
50 g Mehl
2 Eier
Salz
1 Spur Zucker
3 TL Öl
1 Bund Dill
200 g Crème fraîche
1 Stück Meerrettich, ca. 10 cm
6 Scheiben Räucherlachs (ca. 250 g)

Buchweizenmehl und Mehl mischen, mit 3/8 l kaltem Wasser anrühren und 20 Minuten ausquellen lassen.

Eier unterrühren, mit wenig Salz und Zucker würzen. Eine kleine Pfanne dünn mit Öl auspinseln und nacheinander 6 Pfannkuchen darin backen.

2/3 vom Dill hacken, mit Crème fraîche verrühren und mit Salz würzen. Den Lachs in die Pfannkuchen füllen, mit restlichem Dill garnieren. Die Crème fraîche und den restlichen Meerrettich darüber geben.

Cordon bleu vom Wildlachs

auf Meerrettichnudeln

Zutaten für 4 Personen:

600 g Lachsfilet
4 Scheiben Räucherlachs
4 Scheiben Mozzarella
4 Blätter frisches Basilikum
Salz, Pfeffer, Mehl, Olivenöl

Meerrettichnudeln:

200 g italienische Bandnudeln
50 g Meerrettich, gerieben
80 g Lauchstreifen
1/4 l Sahne
1/8 l Weißwein, trocken

Meerrettichscheiben:

12 Scheiben Meerrettich, dünn geschnitten

Lachsfilet in vier gleiche Teile schneiden und etwas klopfen. Mit je einer Scheibe Räucherlachs, Mozzarella und einem Blatt Basilikum füllen und zusammenklappen. Mit Salz und Pfeffer würzen, in Mehl wenden und in heißem Öl beidseitig kurz braten.

Die Nudeln in reichlich Salzwasser bissfest (al dente) kochen und abschrecken. Sahne und Weißwein zugeben, kurz aufkochen lassen. Zum Schluss den Meerrettich und die Lauchstreifen zugeben.

Die Meerrettichscheiben in heißem Öl knusprig fritieren. Die Bandnudeln in der Mitte des Tellers anrichten, das Lachs-Cordon bleu darauf legen und mit den Meerrettichscheiben garnieren.

Dorsch mit Meerrettich gedünstet

Zutaten:

500 g Fischfilet
1 EL Margarine
150 g Meerrettich
Salz
4 EL Essig
3/8 l saure Sahne
1 EL Butter
1 EL Mehl
Kräuter
600 g Kartoffeln

Den Boden einer tiefen, mit Margarine ausgestrichenen Pfanne mit einer dünnen Schicht geriebenem Meerrettich bedecken. Darauf in zwei Schichten den in Portionsstücke geschnittenen rohen Fisch legen und jede Schicht mit geriebenem Meerrettich bestreichen. Reichlich ½ l gesalzenes Essigwasser darüber gießen und alles etwa 45 Minuten zugedeckt auf kleiner Flamme dünsten. Vorsicht, damit der Fisch nicht zerdrückt wird, einen Teil der Brühe abgießen. Die abgegossene Brühe mit saurer Sahne verrühren und nochmals erhitzen. Nun mit Butter vermischtes Mehl einrühren und aufkochen lassen. Die Soße durchseihen, den Fisch damit begießen und noch 5 Minuten ziehen lassen. Mit gewiegten Kräutern bestreuen und mit Salzkartoffeln garnieren.

Fischpfanne

Zutaten:

750 g bereits entgräteten Fisch
2 gekochte kleine Rote Rüben
3 Eier
2 Zwiebeln
2 Esslöffel geriebener Meerrettich
1 Esslöffel gehackter Kümmel
1/4 l saure Sahne
80 g Margarine
Semmelmehl
Salz
Pfeffer
Butter

Fisch, Rote Rüben und Zwiebeln zerkleinern. Die Margarine schaumig rühren, Eier, Semmelmehl, Meerrettich und Kümmel hinzugeben, mit dem Fisch, Roten Rüben, Zwiebeln und saurer Sahne verrühren und pikant abschmecken. Geben Sie die Masse in eine gefettete Form und obenauf einige Butterflocken. Im vorgewärmten Ofen backen Sie die Fischpfanne bei Mittelhitze ca. 40 Minuten.

Forellenfilet in Blätterteig

Zutaten für 4 Portionen:

8 rechteckige Blätterteigscheiben
(Tiefkühlware, ca. 600 g)
1 mittelgroße Möhre
1 kleine Stange Porree
1 EL Butter
Salz, Pfeffer
Zitronensaft
200 g geriebener Meerrettich (Glas)
4 geräucherte Forellenfilets, 400 g
1 Ei

Blätterteigscheiben nach Packungsanleitung auftauen lassen, Möhre waschen, schälen, Porree putzen, waschen und beides in Streifen schneiden.

Butter erhitzen und das Gemüse ca. 5 Minuten darin dünsten. Mit Salz, Pfeffer und Zitronensaft abschmecken. Gemüse mit Meerrettich vermischen und auf 4 Blätterteigscheiben verteilen.

Forellenfilets auf das Gemüse legen.

Ei trennen. Teigränder mit Eiweiß bestreichen, Forellenfilets mit den restlichen Blätterteigscheiben abdecken und die Ränder fest andrücken.

Blätterteigpäckchen mit Eigelb bestreichen. Im vorgeheizten Backofen bei 200° etwa 20 Minuten backen.

Forellen-Quiche

Zutaten für 4 Personen:

300 g TK-Blätterteig
4 geräucherte Forellenfilets
200 g frischer Blattspinat
8 Stangen grüner Spargel
1 gehäufter EL frisch geriebener Meerrettich
80 g Butter, 100 g Crème fraîche
2 Eigelb, 1 großer Bund Dill
Salz, weißer Pfeffer aus der Mühle
1 EL Zitronensaft

Den Blätterteig auftauen lassen und auf einem bemehlten Backbrett zu einer runden Platte von etwa 36 cm Durchmesser ausrollen. Ein rundes Backblech mit ca. 30 cm mit kaltem Wasser abspülen. Mit dem Blätterteig belegen und einen Rand andrücken. Die Fläche ein paar Mal mit der Gabel einstechen. Die geräucherten Forellenfilets im Backofen leicht erwärmen, so lässt sich die Haut gut abziehen. Filets längs in der Mitte teilen. Den Blätterteig mit zerlassener Butter bestreichen und sternförmig 8 Strahlen mit Spinatblättern belegen, die kurz in siedend heißes Wasser getaucht wurden. Darauf die geteilten Forellenfilets anordnen, dazwischen jeweils einen Spargel legen, der kurz im kochenden Salzwasser blanchiert wurde. Vom Dill die harten Stengel entfernen und die Spitzen fein hacken, Dill mit Crème fraîche, den Eigelben, Meerrettich, Salz und Pfeffer würzen. Ein paar Tropfen Zitronensaft machen das Aroma frischer. Dillsahne auf dem Blätterteig verteilen und im vorgeheizten Backofen bei 220 ° C 20–25 Minuten backen.

Gebackene Praline von Lachsforelle

auf glasierten Gurken und Dillsauce

Zutaten für 4 Personen:

440 g Lachsforellenfilet
1/2 Stück Karotte
1/4 Stange Lauch
1/8 Kopf Sellerie in feine Würfel geschnitten und kurz blanchiert (gekocht)
frischer Meerrettich
1 Packung Frühlingsrollenteig (große Blätter)
2 Gurken
1 EL Butter
0,2 l Fischfond
0,1 l Weißwein
0,2 l Sahne
2 EL Crème fraîche
2 Zweige frischer Dill
0,1 l trockener Sekt
etwas Chili
1 Spritzer Zitrone

Praline:
Das Lachsforellenfilet in Würfel schneiden, mit den Gemüsewürfeln vermischen, Salz, Pfeffer sowie frisch geriebenen Meerrettich (Menge nach eigener Geschmacksvorstellung) dazugeben, in vier gleich große Portionen aufteilen und zu Kugeln formen.

Nun den Frühlingsrollenteig in dünne Streifen schneiden, die Lachsforellenkugeln darin wälzen und vorsichtig mit beiden Händen die Teigstreifen fest andrücken. In der Friteuse goldgelb backen, auf einem ▶

▶ Tuch abtropfen lassen und bei 80° C im Ofen noch 8 Minuten fertig garen.

Gurken:
Die Gurken schälen, entkernen und in Rauten schneiden. Butter in einem Topf vorsichtig erhitzen, die Gurken hinzugeben und kurz durchschwenken. Mit Salz und Pfeffer abschmecken (keinen Fond hinzugeben).

Kaviarsauce:
Den Fischfond mit dem Weißwein um die Hälfte einkochen, Sahne hinzugeben und erneut um 1/3 reduzieren, mit Salz abschmecken. Crème fraîche (mit dem Mixstab) einrühren. Die Sauce nun mit dem Spritzer Zitrone und einem Hauch Chili abrunden.

Kurz vor dem Servieren den frisch gehackten Dill sowie den Sekt hinzugeben.

Bemerkung: Der Hauch Chili macht, richtig dosiert, eine sehr zurückhaltende angenehme, kaum merkbare Schärfe.

Gebratene Welsfilets mit Meerrettichschaum

Zutaten für 4 Personen:

4 Stück Welsfilets ohne Haut, je 200–250 g
1/2 Stange frischer Meerrettich
4 mittlere Rote-Bete-Knollen
100 g Sahne
150 g Fischfond
100 g Butter
50 g Mehl
6 EL Distelöl
250 g Friteusenfett
4 Kerbelzweige

Die Rote Bete in Salzwasser mit Schale bissfest kochen und nach dem Schälen in kleine Rauten schneiden.

Meerrettich schälen und etwa 40 dünne Scheiben schneiden, den Rest fein raspeln. Den geraspelten Meerrettich in einem Tuch ausdrücken, Saft und Meerrettich aufbewahren. 20 g Mehl und 20 g weiche Butter verkneten (Mehlbutter). Das Fett in einem Topf (Friteuse) auf ca. 170° C erhitzen. Meerrettichscheiben goldgelb darin ausbacken. Das restliche Mehl auf einen Teller geben, die Filets salzen, pfeffern und anschließend im Mehl wenden. Distelöl erhitzen und die Filets darin anbraten. 100 g Fischfond aufkochen, die Sahne und den Meerrettich hinzufügen, mit Mehlbutter abbinden und einen Teil der Meerrettichraspel zugeben, mit Salz und Pfeffer abschmecken. Das Ganze vor dem Servieren noch mit 50 g Butter aufmixen. Restlichen Fischfond und Butter aufkochen und die Rote Bete darin erhitzen.

Die Rote Bete gleichmäßig auf Teller verteilen, die Filets darauf legen, Meerrettichschaum über die Filets gießen, mit Meerrettich-Chips bestreuen und das Ganze mit Kerbelzweigen garnieren.

Dazu passen Kartoffeln.

Gebratene Zanderfilets

auf Gemüse mit Meerrettich

Zutaten:

1 kg Zanderfilet
Salz, Pfeffer
1 Zitrone, Saft
Mehl zum Wenden
3 cl Olivenöl
60 g Butter
300 g Rote Rüben, jung
100 g Petersilienwurzel
3 cl Estragonessig
1 EL Petersilie, grob gehackt

Sauce:

1/8 l Weißwein, trocken
0,2 l Fischfond
20 g Schalotten
1/4 l Sahne
Salz, Pfeffer
3 EL Meerrettich, gerieben
3 EL Sahne, geschlagen

Das Zanderfilet in Portionsstücke teilen, diese mit Salz, Pfeffer und Zitronensaft würzen. Leicht mehlen. In heißem Öl und der Hälfte der Butter goldbraun braten. Im Rest der Butter die in Stifte geschnittenen Roten Rüben und Petersilienwurzeln anschwitzen lassen, mit Estragonessig ablöschen und 10 Minuten köcheln lassen (sollen noch knackig sein). Bei Bedarf noch etwas Weißwein zugießen. Mit Salz und Pfeffer würzen Die grob gehackte Petersilie zugeben. Das Gemüse auf warme Teller anrichten, die Fischfilets darauf verteilen und etwas von der Sauce angießen.

▶ Für die Sauce Weißwein, Fischfond und die Schalotten auf etwa $^1/_8$ l Flüssigkeit reduzieren. Die Sahne zugeben, nochmals etwas einkochen, mit Salz und Pfeffer würzen. Mit dem Mixstab aufmixen, vor dem Servieren Meerrettich und die geschlagene Sahne unterziehen.

Bemerkung: Anstatt der Roten Rüben können Sie auch in Streifen geschnittenen Fenchel verwenden.

Gedünsteter Karpfen mit Meerrettichsauce

Zutaten für 4 Personen:

3–4 Kartoffeln
3 Zitronen, 100 g Butter
1 Bund Petersilie
1 kochfertiger Karpfen, ca. 1 kg
1 gestrichener TL Salz
1–2 Tassen Wasser
4 EL frisch geriebener Meerrettich, 1/8 l saure Sahne

Kartoffeln waschen und schälen. Zwei Zitronen auspressen, die dritte in sehr dünne Scheibchen schneiden. Die Butter ebenfalls in dünne Scheibchen schneiden. Die Petersilie waschen, abtropfen lassen, klein schneiden und zugedeckt aufbewahren.
Den Karpfen innen und außen kalt waschen und innen mit dem Salz einreiben. Die Kartoffeln in den Karpfenbauch schieben, so dass der Karpfen gut steht. Den Karpfen in die feuerfeste Form stellen, mit dem Zitronensaft beträufeln, völlig mit den Butterscheibchen belegen und auf die Butter die Zitronenscheibchen geben. Das Wasser ringsum angießen und die Platte auf den Bratrost auf der untersten Schiene in den auf 175° C vorgeheizten Backofen schieben. Den Fisch 30 Minuten dünsten lassen. Den garen Karpfen auf eine vorgewärmte Platte legen. Den Dünstsaft mit dem Meerrettich, der sauren Sahne und der Petersilie in der Kasserolle verrühren und noch einmal gut erhitzen, aber die Sauce nicht kochen lassen.

Dazu reichen Sie Salzkartoffeln und Kopfsalat oder marinierte Rote Bete.

Geräucherte Forelle mit Meerrettich

Zutaten für 2 Portionen:

- *100 g Sahnekäse*
- *1 EL Meerrettich oder mehr*
- *2 EL Sauerrahm*
- *2 Brötchen*
- *340 g Spargel aus der Dose, gut abgetropft*
- *100 g geräucherte Wildwasserforelle*
- *kleine Zitronenstückchen zum Garnieren*

Sahnekäse, Meerrettich und Sauerrahm in eine Schüssel geben und gut verrühren, bis eine geschmeidige Masse entsteht. Brötchen quer aufschneiden und im vorgeheizten Grill von beiden Seiten rösten. Vom Grill oder Toaster nehmen und jede Hälfte mit 2–3 Esslöffeln Sahne-Meerrettich-Sauce bestreichen. Im Backofen oder Grill erhitzen, bis die Meerrettich-Sauce warm wird. Mit Spargel (sind die Spargelstangen sehr dick, so schneiden Sie sie einmal längs durch) und Forelle belegen.

Gratinierte Lachsschnitzel

mit Tomaten-Meerrettich-Kruste

Zutaten für 4 Personen:

- *4 Lachstranchen je 160 g*
- *4 Tomaten*
- *3 EL Meerrettich (Glas)*
- *50 g Butter, 1 Eigelb*
- *100 g Toastbrot, frisch gerieben oder fein gewürfelt*
- *2 Schalotten*
- *4 cl Wermut*
- *2 dl Fischfond*
- *2 dl Rahm, 50 g Schlagrahm*
- *1 Bund Schnittlauch*
- *100 g Gemüsewürfel (Sellerie, Rübli, Lauch)*
- *Salz, Pfeffer*

Tomaten blanchieren, abschrecken, in Scheiben schneiden und entkernen. Meerrettich in Passiertuch ausdrücken, Saft auffangen und aufbewahren. Butter und Eigelb schaumig rühren. Meerrettich und Toastbrot dazugeben und abschmecken. Lachs mit Tomatenscheiben belegen, würzen und mit Meerrettichpaste bestreichen. Fein geschnittene Schalotten mit Wermut verkochen. Mit Fischfond auffüllen, um die Hälfte einkochen und passieren. Rahm dazugießen, um ½ reduzieren. Mit Meerrettichsaft abschmecken, den geschlagenen Rahm unterheben. Schnittlauchröllchen und blanchierte Gemüsewürfel beigeben. Lachs goldgelb überbacken, darauf achten, dass Garzeit und Bräunung der Kruste übereinstimmen.

Auf warmen Tellern anrichten, mit Sauce umgießen.

Gratinierter Seelachs

Zutaten für 4 Personen:

800 g Seelachsfilet
2 EL Zitronensaft
je 2 rote und grüne Paprikaschoten
1 EL Butter
1 Knoblauchzehe
200 ml Weißwein
500 g Fleischtomaten
1 Bund Dill
300 g Crème fraîche
2 EL Meerrettich
Salz, Pfeffer

Seelachs waschen, trocknen, mit Zitronensaft beträufeln, mit Salz und Pfeffer einreiben. Paprika halbieren, entkernen, waschen, in Streifen schneiden, andünsten. Knoblauch dazu. Wein angießen, mit Salz, Pfeffer würzen und 10 Minuten köcheln lassen. Tomaten brühen, abschrecken, häuten, in Scheiben schneiden. Auflaufform fetten, Tomaten ziegelartig einschichten, Paprika, dann Fisch darauf legen. Dill waschen, hacken, mit Crème fraîche, Meerrettich, Salz, Pfeffer mischen. Alles mit der Mischung übergießen. Backzeit: 20 Min. bei 200 ° C.

Graved-Lachs-Roulade

mit Meerrettichmousse gefüllt

Zutaten:

Gebeizter Lachs:

25 g Salz
25 g Pökelsalz
25 g Zucker
1/4 TL gestoßener weißer Pfeffer
1/4 TL Zitronenschale, gehackt
5 g Dill, gehackt
1/4 TL Koriander
1/4 TL Wacholderbeeren
1/2 Seite frischer Lachs (ca. 800–1000 g)
1/2 l Milch
1/2 l Olivenöl

Meerrettichmousse:

100 g geschlagene Sahne
20 g geriebener Meerrettich, ausgedrückt
Salz, Pfeffer aus der Mühle
Zitronensaft
fein geschnittener Schnittlauch

Salz, Pökelsalz, Zucker, Pfeffer, Zitronenschale gut vermischen, den gehackten Dill, Koriander und die zerdrückten Wacholderbeeren darunter geben. Diese Mischung über den Lachs streuen, mit Folie abdecken und im Kühlschrank ca. 5 Stunden ziehen lassen. Diese unterschiedlichen Zeitspannen ergeben sich daraus, dass nicht jeder Lachs die Gewürze gleichmäßig aufnimmt. Deshalb sollten Sie den Lachs nach 3 Stunden probieren, um herauszufinden, ob er genügend gebeizt ist. Dann aus der Marinade nehmen und mit

Wasser gut abspülen. Ist der Lachs fertig gebeizt, legen Sie ihn eine Stunde in Milch, dabei wird er weich, denn das Salz hat ihm während des Beizens Flüssigkeit entzogen. Wird der Lachs nicht gleich verwendet, legen Sie das abgetrocknete Stück in Olivenöl, das macht ihn besonders geschmeidig und die Haltbarkeit erhöht sich auf bis zu 5 Tage.

Fertigstellung:
Aus der geschlagenen Sahne und dem Meerrettich eine Creme herstellen. Mit Salz, Pfeffer aus der Mühle und Zitronensaft abschmecken. (Wichtig: Die Schärfe des Meerrettichs kann unterschiedlich sein, deswegen den Meerrettich nach und nach mit der Sahne vermengen und zuerst probieren.) Zum Schluss den Schnittlauch hinzugeben. Den Lachs in gleichmäßig dünne Scheiben schneiden und zu vier gleichmäßigen Quadraten von ca. 7 cm auf eine Klarsichtfolie legen, mit einer anderen Klarsichtfolie abdecken und mit einem Plattierer oder einer schweren Sauteuse leicht anklopfen, damit die Scheiben zusammenhalten. Dann das Meerrettichmousse auf die einzelnen Quadrate geben und sie zu jeweils einer einzelnen schönen Roulade zusammendrehen.

Die Roulade auf einem kalten Teller anrichten und mit Blattsalaten ausgarnieren. Man kann das Ganze durch einen Klecks Kaviar zu einer sehr exklusiven Vorspeise machen.

Graved-Lachs-Schnitte

mit Kartoffel-Meerrettich-Kruste

Zutaten:

500 g Graved Lachs
2 große Kartoffeln
1 EL geriebener Meerrettich
2 EL Mehl
2 Eiweiß
Butterschmalz
1 Gartengurke
1 EL Zitronensaft
1 EL Olivenöl
Pfeffer, Salz

Den Graved Lachs in 1,5 cm dicke Scheiben schneiden, leicht mehlieren und durch das geschlagene Eiweiß ziehen. Die Kartoffeln auf einer Reibe raspeln und in einem Küchentuch gut auswringen, damit die Flüssigkeit austritt. Kartoffelraspeln mit dem frisch geriebenen Meerrettich vermischen. Die Mischung leicht salzen, pfeffern und die Lachsscheiben damit panieren. Die Panade gut andrücken und das Ganze in Butterschmalz kross ausbraten. Die Gurken tags zuvor, gesalzen und gepfeffert, in Zitronensaft und Olivenöl marinieren. Den Lachs auf den Gurken anrichten.

Grilliertes Steinbuttschnitzel

auf Meerrettichnudeln, Schweiz

Zutaten für 4 Personen:

- *700 g Steinbutt*
- *Öl*
- *400 g Nudeln*
- *200 g Doppelrahm*
- *Meerrettich*
- *Salz, Pfeffer aus der Mühle*

Steinbutt in gleich große Schnitzel schneiden, mit Salz und Pfeffer würzen und mit Öl gut einstreichen. Die gewürzten und geölten Steinbuttschnitzel in der sehr heißen Grillpfanne etwa 3 Minuten grillieren, so dass sie ein schönes Grillmuster erhalten. Mit der grillierten Seite nach oben in ein mit Öl ausgestrichenes Kuchenblech legen und im auf 200° C vorgeheizten Ofen 6–7 Minuten fertig garen. Die Nudeln in Salzwasser al dente kochen, abgießen und gut abtropfen lassen. Den Doppelrahm aufkochen, die abgetropften Nudeln zusammen mit dem geriebenen Meerrettich dazugeben, gut mischen und abschmecken.

Die Nudeln auf vorgewärmte Teller geben, die grillierten Steinbuttschnitzel darauf anrichten. Nach Belieben mit Tomatenwürfelchen und einem Kräuterbouquet garnieren.

Hechtfilets in Hanf-Meerrettich-Kruste

Zutaten für 4 Personen:

- *80 g Butter*
- *40 g Semmelbrösel*
- *60 g sehr fein geriebener Meerrettich*
- *2 EL Hanfschrot*
- *Salz*
- *Pfeffer*
- *4 Hechtfilets à 150 g ohne Haut*
- *etwas Mehl*
- *Butterschmalz*
- *Zitronensaft*

Für die Hanf-Meerrettich-Kruste die Butter mit einem Schneebesen schaumig rühren. Die Semmelbrösel, frisch geriebenen Meerrettich sowie den Hanfschrot beigeben, salzen, pfeffern und alles gut verrühren. Anschließend kalt stellen. Die Hechtfilets salzen, mehlieren und bei mittlerer Hitze in Butterschmalz von beiden Seiten ca. 5–6 Minuten braten und mit etwas Zitronensaft beträufeln. Die Hechtfilets mit der Hanf-Meerrettich-Masse bestreichen und bei Oberhitze 1–2 Minuten im Ofen goldgelb gratinieren.

Zusammen mit Bratkartoffeln servieren.

Hervorragend ergänzt wird das Gericht mit Rote-Bete-Salat.

Hecht in Meerrettich

Zutaten:

2 Hechte (ca. 750–1000 g)
3/4 l Wasser
Salz
1 Zwiebel
1 TL Fischgewürz
40 g Butter
40 g Mehl
4 EL geriebener Meerrettich
1/4 l Milch
etwas Zucker
1 EL Butter

Wasser mit Salz, Zwiebel und Fischgewürz zum Kochen bringen. Hechte darin bei schwacher Hitze 10–15 Minuten ziehen lassen. Aus Butter und Mehl eine helle Mehlschwitze bereiten. Mit ¼ l Fischsud und ¼ l Milch aufgießen. Mit Meerrettich und etwas Zucker abschmecken. Die fertigen Hechte in die Soße legen, den Esslöffel Butter in Flöckchen darüber geben und noch ca. 10 Minuten ziehen lassen.

Hecht in Sahne-Pfeffer-Sauce

Zutaten für 4 Personen:

1,5 kg Hecht
2 Zwiebeln
1/4 l saure Sahne, 0,2 l Weißwein
2 EL Semmelmehl
1 EL frisch geriebener Meerrettich
75 g Butter, Kapern
1 EL Mehl, 1 EL Pfefferkörner
Salz, Lorbeerblätter
Zitronensaft

Die portionierten Hechtscheiben säubern, salzen und mit etwas Zitronensaft beträufeln. Die Butter zerlassen, die Hechtscheiben hineinlegen, mit grob gemahlenen Pfefferkörnern bestreuen, von beiden Seiten leicht braten, ein bis zwei Lorbeerblätter und die in sehr dünne Scheiben geschnittenen Zwiebeln dazugeben. Wenn die Zwiebeln hell angedünstet sind, nach und nach den Weißwein angießen, die Kapern dazwischenstreuen, die Fischstücke ab und zu wenden und immer wieder mit dem eigenen Saft begießen. Die saure Sahne mit Mehl und Meerrettich verrühren, über den Fisch gießen und das Gericht in der Röhre fertig garen (Garzeit insgesamt 30 Minuten). Zum Schluss die Fischstücke mit wenig Semmelmehl bestreuen und leicht überkrusten lassen.
Als Beilage serviert man Salzkartoffeln, in Butter geschwenkt und mit frischem gehackten Dill überstreut.
Dazu können Sie Kopf- oder Gurkensalat reichen.

Hecht in Spreewälder Meerrettichsauce

Zutaten:

1 kg Hecht (Filet oder im Ganzen)

Sud:

2 Petersilienwurzeln
2 Mohrrüben
2 Zwiebeln
Salz
Pfeffer
2 Lorbeerblätter

Sauce:

6 Eigelb
2 EL Zucker
2 EL Pflanzenöl
350 g geriebener Meerrettich
Zitronensaft
Salz

Sud aufkochen, den Hecht hineingeben und ca. 20 Minuten ziehen lassen. Sud durchseihen, Zutaten für die Sauce verrühren und mit dem Sud aufkochen, frische Petersilie und Dill hinzugeben. Hecht mit der Sauce und frischen Petersilienkartoffeln auf Teller anrichten, mit Zitronenscheiben garnieren.

Karpfen blau mit Meerrettichsauce

Zutaten für 4 Personen:

1 küchenfertiger Karpfen, ca. 1 kg
1–1 1/2 l Fischsud

Meerrettichsauce:

3 Eigelb
1/2 l süße Sahne
2 EL frisch geriebener Meerrettich
1/2 l Fischsud
1 EL Zitronensaft
Salz
Pfeffer

Fischsud zum Kochen bringen, Karpfen hineinlegen und bei schwacher Hitze ca. 25 Minuten gar ziehen lassen. Inzwischen Eigelb mit Sahne und Fischsud schaumig schlagen, mit Salz, Pfeffer und Zitronensaft abschmecken. Karpfen aus dem Sud nehmen und auf einer vorgewärmten Platte mit Zitronenspalten anrichten.

Mit Meerrettichsauce und Butterkartoffeln servieren.

Karpfen in Meerrettich-Rahm

Zutaten für 4 Personen:

2 Zwiebeln
Salz, weißer Pfeffer
4 EL Zitronensaft
1–2 küchenfertige Karpfen (2,5–3 kg, halbiert und Kopf abgetrennt)
3 EL Butter / Margarine
1/4 l Fischfond (Glas)
150 g Schlagsahne
1–2 EL geriebener Meerrettich (aus dem Glas)
1 Tomate
1/2 Bund Dill

Zwiebel schälen, halbieren. Mit 1 l stark gesalzenem Wasser und Zitronensaft aufkochen. Karpfen waschen und in ca. 5 cm breite Stücke schneiden. Im siedenden Wasser 3–4 Minuten gar ziehen lassen. Fisch herausnehmen. Die Haut mit einem Messer abziehen. 2 Esslöffel Fett erhitzen, Fisch darin pro Seite 2–3 Minuten braten. Mit Salz und Pfeffer würzen. Warm stellen. 1 Zwiebel schälen, fein würfeln. 1 Esslöffel Fett im Bratfett erhitzen. Zwiebel darin andünsten. Fond und Sahne zugießen, aufkochen. Meerrettich einrühren und 5–10 Minuten dicklich einkochen lassen. Abschmecken. Tomate putzen, waschen, würfeln. Dill waschen und fein schneiden. Beides zur Soße geben.

Dazu reichen Sie Salzkartoffeln und Salat.

Lachsauflauf

Zutaten für 4 Personen:

3/4 kg Kartoffeln
250–300 g geräucherter Lachs
1 Becher Sahne
1 EL Meerrettich
Pfeffer
Salz
Butter

Die Kartoffeln kochen und in Scheiben schneiden. In einer Auflaufform zuerst Kartoffeln und dann Lachs schichten. Sahne, Meerrettich, Salz und Pfeffer verrühren und als nächste Schicht auf die Karotten geben. Als oberste Schicht kommen darauf nochmals Kartoffeln. Zum Würzen noch etwas Petersilie und ein paar Butterflocken darauf streuen. Bei 220 ° C (Ober-Unterhitze) oder 220 ° C (Heißluft) für ca. 30 Minuten im Ofen backen.

Lachsfilets mit Erdäpfel-Kren-Kruste

Zutaten für 4 Personen:

Fisch:
- 4 Lachsfilets
- 1 Zitrone (Saft)
- 1/8 l Suppe
- 1 TL Senfkörner

Kruste:
- 8 Spinatblätter
- 250 g Erdäpfel
- 2 Dotter
- 2 EL Kren, gerissen
- 2 EL Dill, gehackt
- Salz, Pfeffer
- Öl
- 2 EL Butter, kalt
- 1 EL Mehl

Erdäpfel kochen und noch heiß zerdrücken; Dotter, Kren, Mehl, 1 Esslöffel Dill untermischen und würzen; Backrohr auf Grillstellung vorheizen und Auflaufform mit Butter ausstreichen; Filets mit Salz, Pfeffer und Zitronensaft würzen; Fisch beidseitig kurz anbraten (ca. 3/4 Minute) und gegen Ende die Spinatblätter kurz mitbraten; Filets mit Spinatblättern belegen und mit Erdäpfelmasse bestreichen; im Rohr goldgelb überbacken (ca. 1½ Minuten); Bratenrückstand mit Suppe aufgießen; aufkochen und mit Butter montieren; Dill und Senfkörner dazugeben.

Dazu reichen Sie Reis und Erbsen.

Lachsfilets mit Meerrettichkruste

und Rote-Bete-Püree

Zutaten für 4 Personen:
- 400 g Rote Bete
- 75 g Butter
- Salz
- Pfeffer
- 40 g Semmelbrösel
- 100 g geriebener Meerrettich
- 8 Lachsfilets
- 75 g Schalottenwürfel
- 40 g Butter
- 2 EL Rotweinessig
- 3 Zweige Dill
- Crème fraîche

400 g Rote Bete in Salzwasser weich kochen, schälen und grob würfeln. 75 g weiche Butter mit Salz und Pfeffer schaumig weiß schlagen. 40 g Semmelbrösel und 100 g geriebenen Meerrettich untermischen. 8 Lachsfilets à 60 g nebeneinander auf ein Backblech setzen, salzen, pfeffern und gleichmäßig mit der Buttermischung bestreichen. 75 g Schalottenwürfel in 40 g Butter andünsten und die Rote Bete dazugeben. Mit Salz, Pfeffer und 2 Esslöffel Rotweinessig würzen und in der Küchenmaschine mit dem Schneidemesser nicht zu fein pürieren. 3 Zweige Dill fein schneiden und untermischen. Die Lachsfilets unterm Grill auf mittlerer Einschubleiste 3–4 Minuten garen. Mit dem Püree anrichten, Crème fraîche dazugeben und mit Dill dekorieren.

Lachsforelle in Meerrettichsauce

Zutaten:

- *200 g Lachsforelle*
- *1 Stange Meerrettich*
- *Reis*
- *Weißwein*
- *Salz*
- *Pfeffer*

Reis kochen, Weißwein reduzieren lassen. Den Meerrettich schälen und reiben. Eine Handvoll davon im Weißwein aufkochen lassen. Den Fisch entgräten, dritteln, auf einer Hautseite mehlieren und anbraten und zum Weitergaren bei 180 ° C in den Ofen stellen.

Die Meerrettichsauce mit Sahne, Salz und Pfeffer verfeinern und passieren. Den Reis abgießen und in Butter, Salz und Pfeffer wenden.

Die Sauce mit dem Reis und dem Fisch auf einem Teller anrichten.

Lachsforelle mit Meerrettichkruste

Zutaten für 4 Personen:

- *1 TL Salz, Zucker*
- *3 EL Zitronensaft*
- *150 g Crème fraîche*
- *50 g Semmelbrösel*
- *0,4 l Fischfond*
- *30 g Butter, zimmerwarm*
- *1 Lachsforelle (ca. 1,5 kg), filiert und gehäutet*
- *1/2 Stange Meerrettich*
- *0,2 l trockener Sekt*

Den Backofen auf 200 ° C vorheizen. Aus den Fischfilets die restlichen Gräten mit einer Pinzette herausziehen. Die Saftpfanne des Backofens mit der Hälfte der Butter einfetten. Die Fischfilets mit den Außenseiten nach unten in die Saftpfanne legen. Den Fischfond bei starker Hitze auf ⅓ einkochen lassen, die Crème fraîche und den Zitronensaft unterrühren. Cremig einkochen lassen, mit Salz und Zucker würzen. Den Meerrettich waschen, schälen und reiben. Die Semmelbrösel mit Meerrettich und Salz mischen und gleichmäßig über den Fisch streuen, die restliche Butter darauf verteilen. Den Sekt in die Saftpfanne gießen. Auf der 2. Einschubleiste von unten in den Backofen schieben und 4–6 Minuten garen. Dann 3–4 Minuten unter den Grill schieben, bis die Kruste hellbraun ist. Warm halten. Fisch aus der Pfanne nehmen. Die restliche Flüssigkeit aus der Saftpfanne in die Sauce geben, aufkochen lassen, mit Salz und Zucker würzen und anrichten. Mit Petersilie garnieren.

Lachs mit Meerrettichkruste auf Spargelgemüse

Zutaten für 2 Personen:

- 2 Scheiben Toastbrot ohne Rinde
- 30 g Butter
- 1 EL Meerrettich, frisch gerieben
- 2 Lachsfilets ohne Haut à 150 g
- 800 g Spargel
- 150 ml Sahne
- 1 TL Mehlbutter
- 1 Bund Kerbel
- etwas Zitronensaft, Salz
- Pfeffer, Zucker
- Öl zum Anbraten

Das Toastbrot reiben. In die weiche Butter etwas Zitronensaft, Salz, Pfeffer und 1 Esslöffel frisch geriebenen Meerrettich geben, gut vermischen und Weißbrotbrösel dazugeben.

Lachsfilets mit Salz und Pfeffer würzen und auf der ursprünglichen Hautseite ca. ½ cm stark mit der Meerrettichmasse bestreichen. Den Spargel schälen, die dicken Enden kurz abschneiden. Die Spargelschalen und die abgeschnittenen Enden in reichlich kochendes Wasser geben, das mit etwas Salz, Zucker und Zitronensaft gewürzt wurde. Das Ganze 15 Minuten kochen lassen. Dann den Fond passieren und den Spargel im Fond 8–10 Minuten kochen. Spargel herausnehmen und dritteln. Sahne und Mehlbutter zum Fond geben und auf ⅓ einkochen lassen. Mit Salz und Zucker abschmecken, Spargel wieder zugeben und den frisch geschnittenen Kerbel untermischen.

Die Lachsfilets in einer Pfanne mit Öl auf der Unterseite kurz anbraten, unter den Grill stellen, bis die Kruste goldbraun ist, und anschließend 1–3 Minuten ruhen lassen. Der Lachs sollte innen noch rosa sein.

Das Spargelgemüse anrichten und die Lachsscheiben darauf anrichten.

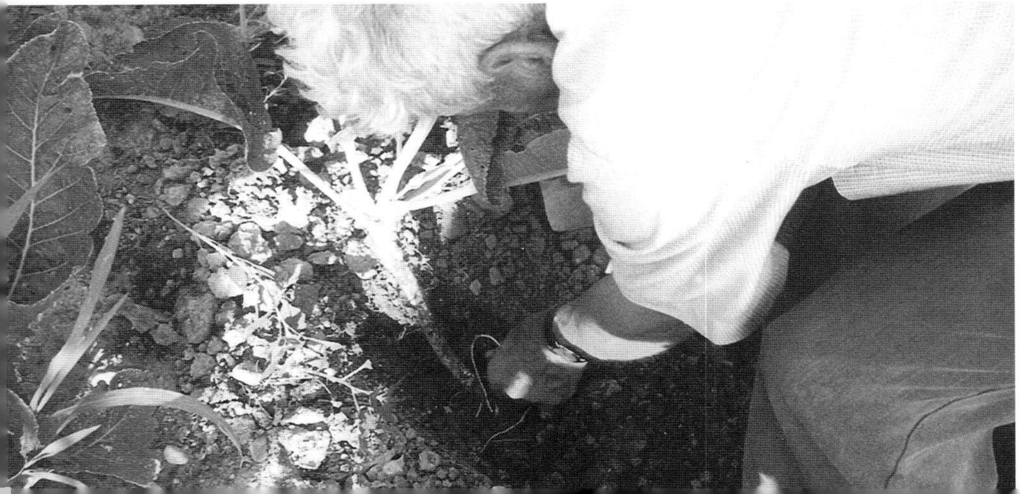

Lachs mit Meerrettichschaum überbacken

Zutaten für 2 Portionen:

4 Stück frischer Lachs à 80 g
100 g Hollandaise
1/8 l geschlagene Sahne
1 EL Meerrettich

Die gesalzenen Lachsstücke in etwas Fischfond kurz dämpfen und in eine vorgewärmte feuerfeste Form geben.

Die steif geschlagene Sahne vorsichtig unter den Meerrettich unterheben und dann die Hollandaise vorsichtig beigeben.

Diese Mousseline über den Lachs nappieren und in einem sehr heißen Grill kurz überbacken.

Lachs in Meerrettichsauce

Zutaten für 4 Personen:

1 kleine Stange Porree (Lauch)
Zwiebeln, Salz, Zitrone, Saft
200 g Bandnudeln
500 g Lachsfilet
1 EL Butter oder Margarine
200 g Schlagsahne
2 EL heller Soßenbinder
100 g frischer Meerrettich
Kerbel zum Garnieren
Zitronenpfeffer zum Bestreuen

Porree putzen, waschen, der Länge nach halbieren und in feine Streifen schneiden. Nudeln in reichlich kochendem Wasser ca. 10 Minuten garen. Porree ca. 4 Minuten vor Ende der Garzeit zufügen. Fisch waschen, trockentupfen und in ca. 3 cm dicke Streifen schneiden. Leicht gesalzenes Wasser und Saft von ½ Zitrone aufkochen lassen. Fisch darin bei schwacher Hitze ca. 8 Minuten gar ziehen lassen. Zwiebeln schälen und würfeln. Fett in einem Topf erhitzen. Zwiebeln darin andünsten. Mit Sahne und ⅛ Liter Fischsud ablöschen, aufkochen und mit Soßenbinder andicken. Meerrettich schälen, waschen und mit einem Sparschäler einige dünne Locken abschälen. Mit restlichem Zitronensaft beträufeln und beiseite legen. Übrigen Meerrettich fein reiben und unter die Soße rühren. Mit Salz abschmecken. Nudeln und Porree mit Hilfe von Esslöffel und Gabel zu Nestern aufdrehen. Mit Lachs und Soße anrichten. Mit Meerrettichlocken, Kerbel und Zitronenpfeffer garnieren.

Lachs mit Meerrettich-Haube

Zutaten für 4 Personen:

1/4 l Milch, 200 g Schlagsahne
3–4 EL heller Soßenbinder
2–3 EL Meerrettich (Glas)
Salz, weißer Pfeffer
2 Eigelb
750 g Lachsfilet ohne Haut
Saft von 1/2 Zitrone
1 kg Broccoli
1 Tomate, 1 Zwiebel
1 EL Butter, Dill
Limettenscheiben

Milch und Sahne aufkochen. Soßenbinder einrühren und gleichfalls aufkochen. Mit Meerrettich, Salz und Pfeffer abschmecken. Eigelb erst mit etwas Soße verquirlen, dann zurück in die Soße rühren (nicht mehr aufkochen). Lachs waschen. Etwa $^3/_8$ Liter Wasser, Salz und Zitronensaft aufkochen. Lachs darin zugedeckt etwa 8 Minuten dünsten. Broccoli putzen, waschen und in kleine Röschen teilen. In wenig kochendem Salzwasser etwa 15 Minuten garen. Lachs herausheben, abtropfen lassen und in eine feuerfeste Form legen. Soße darüber gießen. Im vorgeheizten Backofen bei etwa 220 ° C goldbraun überbacken. Tomate putzen, waschen, entkernen und würfeln. Zwiebel schälen und würfeln. Butter erhitzen. Zwiebel und Tomate andünsten, würzen. Broccoli abgießen und Tomaten-Mischung darüber verteilen. Garnieren.

Dazu reichen Sie Reis oder Kroketten.

Lachsröllchen in Meerrettichsauce

Zutaten für 7 Personen:

2 Eier
1/8 l Milch, 100 g Mehl
1 Messerspitze Backpulver
100 g Crème fraîche
25 g Meerrettich
125 g Kopfsalat
25 g Butter
12 Scheiben Räucherlachs
Salz, Dill und Zitrone zum Garnieren
ca. 25 Cocktail-Spieße

Eier, Milch, $^1/_8$ l Wasser, Mehl, Backpulver und eine Prise Salz zu einem glatten Teig verrühren, ca. 30 Minuten ruhen lassen. Crème fraîche, Meerrettich und Salz verrühren. Salatblätter klein rupfen. Aus dem Teig nun in einer Pfanne 4 Pfannkuchen backen, auskühlen lassen. Pfannkuchen nun mit dem Crème-fraîche-Gemisch bestreichen. Mit Salat und Lachs belegen. Aufrollen und jeweils in 4–5 Scheiben schneiden, feststecken.

Mit Dill und Zitrone garnieren.

Lachsroulade

norwegisch

Zutaten für 12 Portionen:

50 g Mehl, 0,15 l Milch
2 Eier
1 EL Öl
300 g Frischkäse mit Kräutern
30 g Meerrettich
100 g Crème fraîche
Pfeffer, Salz, 3 EL Dill
200 g Lachs, geräuchert

Die norwegische Lachsroulade hält 2–3 Tage zugedeckt im Kühlschrank. Der Geschmack wird immer besser. Dadurch lässt sie sich auch für viele Anlässe vorbereiten. Aus Mehl, 150 ml Milch, Eiern, Öl und Salz einen dünnflüssigen Pfannkuchenteig herstellen. Mindestens 30 Minuten quellen lassen. Inzwischen Ofen auf 200° C vorheizen. Backpapier auf ein Backblech legen. Den Teig vorsichtig in die Mitte gießen und zu einem Rechteck verstreichen. Ca. 13 Minuten backen, bis sich der Rand löst. Auf dem Blech abkühlen lassen. Aus Kräuterfrischkäse, Sahnemeerrettich und Crème fraîche eine geschmeidige Crème rühren. Mit Pfeffer, Salz und frisch gehacktem Dill würzen. Die Hälfte der Crème auf dem Pfannkuchen verteilen. Mit geräuchertem Lachs belegen und die restliche Crème darüber streichen.

Den Pfannkuchen mit Hilfe des Backpapiers zu einer Roulade aufrollen. Gut durchkühlen, am besten über Nacht. In 1,5 cm dicke Scheiben schneiden und mit frischem Dill garnieren.

Lachsschnitte mit Sauergemüse und

Meerrettich-Senfsauce

Zutaten für 2 Personen:

50 g Butter
2 EL Schnittlauchröllchen
150 g Crème fraîche
1 EL gehackte Petersilie
2 EL Kräuteressig
1 EL geriebener Meerrettich
0,25 l Fischfond (Glas)
1 Prise Zucker
2 Lachskoteletts à 200 g
200 g Möhren
300 g Zucchini
1 TL Delikatsenf
Zitronensaft

Lachskoteletts mit Zitronensaft beträufeln, zugedeckt ziehen lassen. Unterdessen Möhren und Zucchini putzen, zu kleinen Würfeln schneiden. Möhren in Butter 10 Minuten dünsten, dann die Zucchini, Essig, etwas Salz, Pfeffer und eine Prise Zucker dazu geben. Gemüse in etwa 5 Minuten gar dünsten. Während das Gemüse dünstet, Fischfond aufkochen, Lachskoteletts salzen und pfeffern, in den Fond legen und in etwa 10 Minuten gar ziehen lassen. Herausnehmen, warm stellen. Crème fraîche mit dem Schneebesen unter den Fond schlagen, sämig einkochen. Meerrettich, Senf und Schnittlauch hineinrühren, salzen und pfeffern. Petersilie unter das Gemüse schwenken, mit der Sauce zum Lachs auftragen

Lachsschnitte mit Meerrettichkruste und Lauchgemüse

Zutaten für 4 Personen:

600 g Lachsfilet (küchenfertig)
Salz, Pfeffer
2 EL Olivenöl, Alufolie

Meerrettichkruste:

100 g Butter, zimmerwarm
Brösel von 4 Scheiben Toastbrot, entrindet
1 EL frischer Meerrettich, gerieben
Salz, Zucker
1/2 EL Thymian, gezupft

Lauchgemüse:

2 Stangen Lauch
2 EL Butter
2 EL Schalottenwürfel
Salz, Pfeffer
Zucker
Muskat
100 ml flüssige Sahne
100 g Räucherlachswürfel
1 EL geschlagene Sahne
1 EL Dill, gehackt
Dillzweige

Das Lachsfilet waschen, trockentupfen, in vier gleich große Stücke schneiden und mit Salz und Pfeffer würzen. Im heißen Olivenöl auf beiden Seiten anbraten und anschließend auf ein mit Alufolie ausgelegtes Backblech setzen.

Die Butter mit einem elektrischen Handrührgerät richtig schaumig schlagen. Die Weißbrotbrösel in die aufgeschlagene Butter geben.

Meerrettich, Salz und Zucker beigeben und gut verrühren, mit gezupftem Thymian verfeinern. Die Meerrettichbutter in einen Gefrierbeutel geben und dann auf einem feuchten Küchentuch mit einem Nudelholz gleichmäßig zu einer Platte ausrollen. Kurz in den Tiefkühler geben, damit die Butter wieder fest werden kann. Die Kruste herausnehmen und mit einem scharfen Messer 4 gleich große Streifen schneiden. Auf einer Seite die Folie abziehen, auf den Lachs legen und dann die andere Seite von der Folie befreien. Im vorgeheizten Backofengrill bei 250 ° C ca. 5–7 Minuten gratinieren. Herausnehmen und warm stellen. Die Kruste muss goldbraun sein. Lauchstangen längs halbieren und gut waschen. Abtropfen und dann in gleichmäßige Rauten schneiden. Die Schalottenwürfel in heißer Butter ohne Farbe anschwitzen, Lauchrauten beigeben und gut durchschwenken.

Mit Salz, Pfeffer, Zucker und Muskat würzen, mit der Sahne auffüllen und so lange einkochen, bis das Gemüse eine sämige Konsistenz bekommt und der Lauch noch bissfest ist.

Räucherlachswürfel beigeben und zum Schluss die geschlagene Sahne und den gehackten Dill unterrühren. Den gratinierten Lachs mit dem Lauchragout schön anrichten und mit frischem Dill ausgarnieren.

Lachs-Spinat-Lasagne

Zutaten für 4 Personen:

600 g Blattspinat, frisch gekocht oder Tiefkühl-Produkt, aufgetaut und abgetropft
400–500 g Lachsfilet
Olivenöl
2 Knoblauchzehen
2 kleine Zwiebeln
1 Bund Dill, gehackt
1 Bund Petersilie, gehackt
1 EL Kräuter der Provence
3 EL Sahne-Meerrettich
Saft einer Zitrone
Parmesankäse
Salz und Pfeffer
etwas Weißwein oder Rosé
3 Becher Schmant
600 ml Milch
12–16 Lasagneblätter

Die Zwiebeln und den Knoblauch schälen, hacken und in einem Topf in Olivenöl andünsten. Den Spinat dazugeben, salzen und pfeffern und alles 3 Minuten dünsten lassen.

Fisch abspülen und trockentupfen. Salzen, pfeffern und mit Zitronensaft beträufeln. In einer Pfanne anbraten, dabei mit einem Kochlöffel in kleine Stücke zerpflücken. Mit Kräuter der Provence würzen und mit einem kräftigen Schuss Wein ablöschen.

Den Schmant mit der Milch, dem Meerrettich, den gehackten Kräutern und 3 Esslöffel Parmesankäse mischen. Mit Salz, Pfeffer und Zitronensaft abschmecken. Den Backofen auf 200 ° C vorheizen.

Eine rechteckige Auflaufform mit Butter einfetten. Zuerst eine dünne Schicht Schmant-Sauce hineingeben und verstreichen. Dann abwechselnd die Lasagneblätter, den Spinat, den Fisch und die Sauce einschichten. Mit Sauce aufhören. Wer gerne Nudeln mag, kann immer je zwei Lagen Nudelblätter übereinander legen.

Nach Bedarf noch Käse (Parmesan oder Mozzarella) darüber geben und im Backofen 45 Minuten backen.

Marinierter Lachs mit Meerrettich gratiniert

Zutaten:

400 g Lachsfilet
2 Schalotten
1/8 l Weißwein
1 TL gemahlener Koriander
20 g Toastbrot, sehr fein gewürfelt
10 g Meerrettich, gerieben
1 Ei, 1/2 TL Gemüsebrühepulver
1 EL Blattpetersilie, fein geschnitten
2 EL Butter, Pfeffer, Salz
Klarsichtfolie

Die marinierten Lachsstücke in eine feuerfeste Pfanne geben, den Weißwein dazugießen und 2 Minuten auf dem Herd ziehen lassen.

Dann Filets wenden und in der Pfanne ca. 8–10 Minuten bei 150° C in den Backofen geben.

Für die Gratiniermasse eine Schalotte fein würfeln, mit einem Esslöffel Butter glasig dünsten. Die Brotwürfel dazugeben, braun anrösten und anschließend etwas abkühlen lassen. Dann den Meerrettich, Petersilie, Gemüsebrühepulver, einen Schuss Weißwein, einen Esslöffel Butter und das Ei untermischen. Die Masse mit Pfeffer und Salz abschmecken und auf die gegarten Fischstücke auftragen. Das Ganze im Backofen kurz gratinieren.

Dazu reichen Sie Salzkartoffeln.

Matjesheringsrollen mit Sahnemeerrettich

Zutaten:

8 milde Matjesfilets (evtl. kurzzeitig in etwas Buttermilch eingelegt, um die Schärfe zu nehmen)
1/8 l Schlagrahm
4–6 EL Sahnemeerrettich
je nach Belieben Salz
1 Prise Zucker
etwas Paprika

Zum Anrichten:

3 Äpfel
etwas Zitronensud (Saft)
Preiselbeeren zum Garnieren

Die Äpfel schälen, das Kernhaus ausstechen, in 8 ca. 1 cm dicke Scheiben schneiden und in den kochenden Zitronensud geben. Äpfel kurz aufkochen lassen, so dass sie angekocht sind und weiß bleiben. Die Apfelscheiben aus dem Sud nehmen, mit Küchenkrepp abtupfen und völlig erkalten lassen.

Anschließend auf einer Platte anrichten. Die Matjesfilets (falls eingelegt) aus der Buttermilch nehmen und gut mit Küchenkrepp abtupfen, dann mit Sahnemeerrettich (aus dem Glas) bestreichen und aufrollen.

Jetzt die Röllchen auf die erkalteten Apfelscheiben setzen und gut mit Sahnemeerrettich bestreichen. Nun die fertigen Rollen auf Apfelscheiben mit Preiselbeeren garnieren und kalt stellen. Unbedingt gut gekühlt servieren.

Pasteten von Lachs und Blattspinat mit Meerrettichsauce

Zutaten:

200 g Mehl
100 g Butter
1 Eiweiß
25 ml Wasser
200 g Lachs
100 g Blattspinat
100 g gewürfelter Räucherlachs
1 Zitrone
1 Ei
1 kleine Zwiebel, fein geschnitten
100 ml Weißwein
200 ml flüssige Sahne
30 g Butter
etwas Mehl
etwas frischer Meerrettich
Salz
Pfeffer
Speiseöl
Frischhaltefolie

Für den Teig das Mehl in eine Schüssel geben. In der Mitte eine Mulde machen und die weiche Butter, 1 Eiweiß, Wasser und eine Prise Salz hineingeben. Alles gut durchkneten. Den Teig in eine Frischhaltefolie einpacken und im Kühlschrank 3 Stunden ruhen lassen. Den Teig einen halben Zentimeter dünn ausrollen. 4 Rechtecke oder mit einer Schablone 4 Teigfische ausschneiden. Den Blattspinat kurz in Wasser abkochen, abtropfen lassen und grob hacken. Den gewürfelten Räucherlachs darunter mischen. Den frischen Lachs in zwei Längsstreifen schneiden und mit Zitronensaft, Salz und Pfeffer würzen.

Die Hälfte des Spinats dünn auf zwei Pastetenböden verteilen, jeweils einen Lachsstreifen darauf legen und mit dem restlichen Salat bedecken. Die beiden übrigen Teigplatten auf den Spinat legen und die Teigränder gut aneinanderdrücken. Die gefüllten Teigtaschen mit Ei bepinseln. Die Lachspasteten im Ofen bei 180 ° C 20 Minuten backen.

Für die Sauce die Zwiebeln in etwas Öl andünsten und mit Weißwein ablöschen. Wenn dieser eingekocht ist, die Sahne zugeben. Butter und Mehl verkneten und damit die Sauce leicht binden. Mit frisch geriebenem Meerrettich, Salz und Pfeffer je nach Belieben abschmecken. Die Pasteten mit der Sauce anrichten.

Pochierter Lachs in Meerrettichsoße

Zutaten für 4 Personen:

1 Möhre
1 Zwiebel
4 Lachsfilets à ca. 175 g
2 Zitronen, unbehandelt
6 Pfefferkörner
2 Lorbeerblätter
1 Stängel Dill
30 g Butter, 30 g Mehl
100 ml Sahne
2 EL Meerrettich (Glas)
2 EL Weißwein
Salz, 1 Prise Zucker

Möhre schälen, waschen und in Scheiben schneiden. Zwiebel schälen und in Spalten schneiden. Fisch waschen und trocken- tupfen. Zitronensaft, $^{3}/_{4}$ l Wasser, Zwiebel, Möhre und Lorbeerblätter aufkochen lassen, Lachsstücke zufügen und 4 Minuten ziehen lassen. 1 Zitrone waschen und in dünne Scheiben schneiden. Dill waschen, trockenschütteln. Fisch vorsichtig aus dem Sud heben und warm stellen. Sud durch ein Sieb gießen und dabei auffangen. $^{3}/_{8}$ l Fischsud abmessen. Fett in einem Topf erhitzen, mit Mehl bestäuben, anschwitzen und unter Rühren mit Sud ablöschen. Sahne und Meerrettich zufügen und aufkochen lassen. Mit Wein verfeinern und mit Salz, Pfeffer und Zucker abschmecken. Fisch mit etwas Soße auf einer Platte anrichten.

Mit Zitronenscheiben und Dill garnieren. Restliche Soße extra dazu reichen.

Als Beilage eignet sich Reis.

Räucherfischstrudel

Zutaten für 4 Personen:

1 Packung Blätterteig

Für die Füllung:

1 Lauchstange, 2 große Möhren
250 g Broccoli, Salz
1 großer Apfel
150 g Crème fraîche
2–3 EL geriebener Meerrettich
frisch gemahlener Pfeffer
600 g Räucherfischfilet (Seehecht, Makrele, Stör oder Heilbutt – ohne Haut)
2 EL Dill, Butter fürs Blech

Das Gemüse putzen. Lauch und Möhren in kleine Streifen schneiden, Broccoli in kleine Röschen teilen. Das Gemüse in Salzwasser blanchieren, kalt abschrecken und gut abtropfen lassen, den Apfel schälen, vierteln, entkernen, in kleine Würfel schneiden und mit dem Gemüse vermischen. Den Backofen auf 200 ° C vorheizen.
Crème fraîche mit Meerrettich verrühren und mit Salz und Pfeffer würzen. Die Creme auf dem Blätterteig verstreichen und das Gemüse darauf verteilen. Das Räucherfischfilet in kleine Stücke teilen und das Gemüse damit belegen und mit Dill bestreuen. Den Blätterteig schließen, vorsichtig auf ein gefettetes Backblech gleiten lassen und die Ränder gut festdrücken. Den Strudel mit Butter bestreichen und im Backofen in 25–30 Minuten goldbraun backen. Vor dem Anschneiden etwa 5 Minuten ruhen lassen.

Mit grünem Salat servieren.

Räucherlachs-Quiche

Zutaten:

Teigform ca. 28 cm Durchmesser
200 g Mehl
200 g Butter
200 g Quark
1 Prise Salz
300 g Räucherlachs
200 g Joghurt Natur
50 g Meerrettich (Glas)
Dill, frisch gehackt

Mehl, Butter, Quark und Salz zu einem Teig kneten, in Folie einschlagen und 1 Stunde im Kühlschrank ruhen lassen.

Eine Quiche-Form mit dem Teig auslegen, Boden mit einer Gabel einstechen. Räucherlachs in kleinen Stücken auf dem Teig verteilen. Joghurt mit Meerrettich vermischen und mit dem gehackten Dill abschmecken. Die Joghurt-Meerrettich-Creme auf dem Räucherlachs verteilen. Bei 195 ° C im vorgeheizten Backofen auf mittlerer Schiene 45–55 Minuten backen. Zum Schluss die Hitze etwas erhöhen, damit die Quiche eine schöne Farbe bekommt.

Als Belag können anstelle von Lachs auch Nordsee-Krabben oder Forellenfilets verwendet werden.

Rotbarschfilet in der Meerrettichkruste

mit cremigen Nudeln

Zutaten für 4 Personen:

Für die Nudeln:
2 Zwiebeln
2 Knoblauchzehen
1 Karotte
100 g entsteinte grüne Oliven
2 EL Olivenöl
1 EL Tomatenmark
1 EL Tomatenketchup
150 g süße Sahne
Salz
weißer Pfeffer aus der Mühle
400 g Tagliatelle (italienische Bandnudeln)
2–3 Zweige Basilikum

Für den Fisch:
2 EL Meerrettich (aus dem Glas)
2 EL weiche Butter
2 EL Semmelbrösel
Salz
600 g Rotbarschfilet
2 EL Olivenöl

Für die Nudeln Zwiebeln, Knoblauch und Karotte schälen und mit den Oliven in kleine Würfel schneiden. Olivenöl erhitzen und die vorbereiteten Zutaten darin kurz andünsten. Tomatenmark, Ketchup und Sahne unterrühren und alles 5 Minuten sanft köcheln lassen, dabei ab und zu umrühren. Die Sauce mit Salz und Pfeffer abschmecken, warm halten. Inzwischen reichlich Salzwasser zum Kochen bringen und die Nudeln darin bissfest garen. ▶

▶ Die Basilikumblätter von den Zweigen zupfen und fein schneiden.

Die Nudeln abgießen und sofort mit der Sauce und dem Basilikum vermengen. Den Grill des Backofens vorheizen. Für den Fisch den Meerrettich mit der Butter cremig verrühren, die Semmelbrösel unterarbeiten. Die Masse mit wenig Salz würzen. Das Rotbarschfilet in vier gleich große Stücke teilen und salzen. Dann die Filetstücke jeweils auf einer Seite mit der Meerrettichmasse bestreichen. Das Öl in der Pfanne erhitzen und die Fischstücke mit der bestrichenen Seite nach oben hineinsetzen, kurz anbraten. Anschließend den Fisch auf eine hitzebeständige Platte legen und unter dem Grill in etwa 5 Minuten goldbraun gratinieren. Nudeln auf Tellern verteilen und den Fisch darauf anrichten.

Rotbarsch in Meerrettichsauce

Zutaten für 4 Personen:

1 Rotbarsch (ca. 1 kg), küchenfertig
1 Zitrone
1 Bund Suppengrün
1 TL schwarze Pfefferkörner
3 Lorbeerblätter
1 Zwiebel
5 EL Weißwein, trocken
20 g Margarine
30 g Mehl
250 g Sauerrahm
1 Bund Dill
1 Bund Petersilie
1 EL Meerrettich, gerieben
Salz, Pfeffer

Rotbarsch mit Salz und Pfeffer würzen und mit Zitronensaft beträufeln. Suppengrün grob zerkleinern, Zwiebel schälen und vierteln. Wasser zum Kochen bringen, Suppengrün, Pfefferkörner, Lorbeerblätter, Zwiebel und Weißwein zugeben. Fisch hineinlegen und gar ziehen lassen.

Aus Margarine, Mehl und ca. 1/4 l Fischsud eine helle Sauce bereiten. Sauerrahm, klein gehackten Dill und Petersilie zugeben. Meerrettich untermischen und würzen.

Rotbarsch auf einer Platte anrichten und mit der Sauce begießen. Mit Petersilie bestreuen.

Saiblinge mit Krenkruste auf Kartoffel-Lauch-Püree

Zutaten für 4 Personen:

100 g Butter
2–3 EL Kren
60 g Toastbrot ohne Rinde
Salz, Pfeffer
100 g Lauch
50 g Butter
350 g Kartoffeln, mehlig kochend
50 g Butter
100 ml heiße Milch
Salz, Muskat
4 Saiblingsfilets ohne Haut
Salz, 1 Zitrone
100 g Lauchblätter
100 g gebräunte Butter

Die Butter (100 g) schaumig schlagen und den Kren sowie das in einer Küchenmaschine frisch geriebene Toastbrot unterrühren. Die Masse salzen und pfeffern. Zwischen zwei Klarsichtfolien ca. 3–4 mm dünn ausrollen und dann für 2 Stunden in den Kühlschrank stellen.

Den Lauch waschen, in kleine Stücke schneiden und im kochenden Salzwasser weich garen. Im Eiswasser abschrecken.

Mit der flüssigen Butter (50 g) mit einer Küchenmaschine fein pürieren. Danach kühl stellen. Die Kartoffeln schälen, klein schneiden und in Salzwasser weich kochen.

Die noch heißen Kartoffeln durch die Presse drücken und mit kalter Butter (50 g) verrühren. Nun die Milch dazugießen und vorsichtig unterrühren. Das Püree mit Salz und Muskat abschmecken und anschließend 3 Esslöffel Lauchpüree unterrühren.

Bei den Saiblingsfilets die Gräten mit einer Grätenzange entfernen und die Filets mit Zitronensaft und Salz fein würzen.

Die im Kühlschrank fest gewordene Kruste in Filetgröße schneiden und auf die Fischfilets legen. Unter dem vorgeheizten Grill gratinieren, bis die Kruste eine goldgelbe Farbe hat.

Lauchblätter in feine Streifen schneiden und schwimmend in Butterschmalz fritieren. Die Saiblinge mit Kruste auf dem Lauchpüree anrichten und mit etwas fritiertem Lauchstroh garnieren.

Anschließend noch etwas aufgeschäumte braune Butter (100 g) über das Püree träufeln.

Saiblingsfilets mit Meerrettichkruste

Zutaten für 4 Personen:

Kruste:

60 g Butter
3 Eigelb
50 g geriebener Meerrettich
60 g geriebenes Weißbrot
Salz, Pfeffer aus der Mühle

Sauce:

20 g gehackte Schalotten
1/4 l trockener Riesling
4 cl Noilly Prat (Wermut)
1/4 l Fischfond
20 g kalte Butterflöckchen
Zitronensaft
2 EL geschlagene Sahne
Butter für das Blech
4 Saiblingsfilets à 400 g, 1 EL Öl

Zutaten für die Meerrettichkruste vermengen und kalt stellen. Für die Sauce Schalotten mit Weißwein und Wermut auf ein Drittel der Flüssigkeit einkochen. Fischfond zugießen und das Ganze auf die Hälfte einkochen. Butterflöckchen einrühren und die Sauce würzen. Den Grill aufheizen. Ein Blech einfetten. Saiblingsfilets in Öl auf der Hautseite kurz anbraten, auf das Blech legen und die Haut abziehen. Diese in der Pfanne weiterbraten, bis sie kross ist. Meerrettichbutter in dünne Scheiben schneiden und auf die Filets legen, diese vier Minuten goldgelb braten. Saiblingsfilets mit Haut und Sauce auf vorgewärmten Tellern anrichten.

Seelachs mit Meerrettichkruste

Zutaten für 4 Portionen:

400 g Möhren
20 g Butter
Salz, Pfeffer
4 Seelachsfilets à 150 g
1 Ei
1 Päckchen weiße Soße (oder Zutaten zu weißer Grundsoße siehe unten)
4 TL Meerrettich

Die Möhren längs in sehr feine Streifen schneiden. Kurz in der Butter andünsten und in eine Auflaufform geben. Die Fischfilets mit Salz und Pfeffer würzen und auf die Möhren legen. Eigelb und weiße Soße (Fertigpackung oder Zutaten siehe unten) und den Meerrettich verrühren, das steif geschlagene Eiweiß unterheben. Die Soße auf den Fisch geben und bei etwa 200 ° C auf der untersten Einschubebene des Backofens 25–30 Minuten goldgelb backen.

Dazu frische Kartoffeln servieren.

Bemerkung: Zutaten für weiße Grundsoße: 10 g Butter, 10 g Zwiebelwürfel, 1 gehäufter Esslöffel Weizenmehl, $^{1}/_{8}$ l Schlagsahne, Salz, weißer Pfeffer.

Seeteufelmedaillons unter der Meerrettich-

Dill-Kruste auf kleinem Gemüse

Zutaten für 4 Personen:

4 Seeteufelmedaillons à 120 g
250 g Toastbrot ohne Rinde
Dill
Meerrettich
125 g Butter
Gemüse der Saison
je nach Belieben Velouté (zarte, cremige weiße Grundsoße, Rezept siehe unten)

Den Toast kuttern (klein schneiden) und ca. 1 Stunde an der Luft antrocknen lassen. Die weiche Butter untermischen, Meerrettich und Dill nach Belieben zugeben. Mit Salz und Pfeffer abschmecken. Zu einer runden Form geben und in Folie rollen. Im Kühlschrank ca. 2 Stunden durchkühlen lassen.

Die Seeteufelmedaillons in einer Pfanne anbraten, umdrehen, mit einer Scheibe der Kruste belegen und unter dem Grill gratinieren. Auf Gemüse setzen und ggf. eine Velouté zugeben.

Als Beilage können Sie Kartoffeln, Nudeln oder Reis servieren.

Bemerkung: Velouté: 10 g Butter, 10 g Zwiebelwürfel, 1 gehäufter Esslöffel Weizenmehl, 375 ml ($^{3}/_{8}$ l) Fleischbrühe, 125 ml ($^{1}/_{8}$ l) Schlagsahne, Salz, weißer Pfeffer.

Tomaten-Meerrettich-Fisch

Zutaten für 4 Personen:

1000 g Fischfilet
5 EL Tomatenmark
5 EL geriebener Meerrettich
4 Zwiebeln
3 Gewürzgurken
75 g Margarine
Salz
Pfeffer
Petersilie

Das vorbereitete Fischfilet in Portionsstücke teilen und in eine leicht gefettete feuerfeste Form legen. Das Tomatenmark mit dem geriebenen Meerrettich mischen und mit Salz und Pfeffer abschmecken.

Die Filetstücke mit Scheiben von Gewürzgurken und Zwiebelringen belegen, mit der Tomaten-Meerrettich-Mischung bestreichen, ein paar Margarineflöckchen obenauf setzen und das Gericht etwa 20 Minuten bei mittlerer Hitze im Backofen gar ziehen lassen.

Als Beilage Kräuter-Risotto oder Toast und Kopfsalat reichen.

Wallerfilet unter der Kartoffelkruste auf Meerrettich-Sauerrahm und marinierten Roten Rüben

Zutaten für 4 Personen:

250 g Wallerfilet
120 g Kartoffeln, roh und geschält
250 g Rote Rüben, gekocht
1 Stange Meerrettich
120 g Crème fraîche
80 g Sahne, flüssig
1 Bund Schnittlauch
40 g Gemüsemeerrettich
Zitrone, Salz und Pfeffer
2 cl alter Balsamico
2 cl Champagneressig
4 cl Traubenkernöl
Salz, Pfeffer und Zucker

Die Wallerfilets in ca. 60 g schwere Portionen schneiden. Die Kartoffeln auf einer Röstireibe fein hobeln und die Flüssigkeit ausdrücken. Nur wenn nötig 1 Esslöffel Kartoffelstärke darunter geben und mit Salz abschmecken. Nun auf das mit Salz und Zitrone gewürzte Wallerfilet die Kartoffelmasse flach auftragen. In einer heißen Teflonpfanne den Fisch auf der Kartoffelseite knusprig anbraten; auf der anderen Seite ebenfalls kurz anbraten und dann auf der Kartoffelseite im Backofen garen. Wenn der Fisch innen noch leicht glasig ist, mit der Kartoffelseite nach oben warm stellen.

Die Crème fraîche in einer Schüssel mit der Sahne glatt rühren. Den Saft einer halben Zitrone dazugeben. Das Ganze mit Salz und Pfeffer abschmecken. Zum Schluss den Gemüsemeerrettich und den fein geschnittenen Schnittlauch dazugeben.

Die weich gekochten Roten Rüben schälen, in Scheiben und dann in 3 mm dünne Streifen schneiden, mit beiden Essigsorten und Traubenkernöl marinieren und mit Salz und Pfeffer sowie ggf. einer Prise Zucker abschmecken.

Anrichtevorschlag: Die Roten Rüben in die Mitte des Tellers geben und den warm gestellten Waller darauf setzen. Den Meerrettich-Sauerrahm um den Waller auf die Roten Rüben einlaufen lassen, so dass eine schöne weiß-rote Marmorierung entsteht. Als Garnitur steckt man kurze Schnittlauchhalme in die Roten Rüben und hobelt den frisch geschälten Meerrettich darüber.

Zander auf Pfifferlingen

mit Meerrettichcreme

Zutaten für 4 Personen:

150 g Crème fraîche
1–2 EL Milch
1 EL Sahnemeerrettich (Glas)
Salz, Pfeffer
600 g Pfifferlinge
80 g Schalotten
1 kleine Knoblauchzehe
4–5 EL Olivenöl
1/2 Bund glatte Petersilie
4 Stücke Zanderfilet (mit Haut, à 120 g)
3 EL Öl, 20 g Butter
1–2 TL Zitronensaft

Crème fraîche mit Milch und Meerrettich glatt rühren, mit Salz und Pfeffer würzen. Pfifferlinge putzen, Schalotten und Knoblauch pellen und fein würfeln.

Olivenöl in einer beschichteten Pfanne erhitzen und die Schalotten mit Pfifferlingen und Knoblauch darin 4–6 Minuten scharf braten. Petersilie fein hacken und untermengen. Mit Salz und Pfeffer würzen. Warm halten.

Zander im heißen Öl in einer beschichteten Pfanne erst auf der Hautseite 2–3 Minuten braten. Dann behutsam wenden und weitere 3–4 Minuten braten. Butter zugeben, aufschäumen lassen und mit Zitronensaft ablöschen. Mit Salz und Pfeffer würzen.

Meerrettichcreme in einem Topf erwärmen. Pfifferlinge auf heißen Tellern anrichten, mit der Meerrettichcreme beträufeln, den Zander darauf setzen. Sofort servieren.

Zander in Meerrettichbutter

Zutaten für 4 Personen:

800 g Zander
1/2 Zitrone
3 Möhren
1 Stange Porree
1 kleine Sellerie
2 Liter Wasser
100 g Butter
2 EL geriebener Meerrettich
Salz, Petersilie

Porree, Sellerie und Möhren waschen und in mittelgroße Stücke schneiden, fast bissfest im gesalzenen Wasser garen.

Den Zander schneiden, salzen, mit Zitronensaft beträufeln und in der Brühe auf niederer Stufe gar ziehen lassen. Fischstücke auf eine vorgewärmte Platte legen.

Meerrettich mit dem Schneebesen in zerlassene Butter rühren, den Fisch begießen und das Gemüse dem Fisch beilegen. Das Ganze mit Petersilie bestreuen.

Zu dem Gericht reichen Sie als Beilage Kartoffelpüree.

Zander in Meerrettichkruste

Zutaten für 4 Personen:

600 g Zanderfilet
Zitronensaft
Salz
Pfeffer
3 Scheiben Toastbrot
50 g Meerrettich
Butter
1 Eigelb
1/2 Bund Petersilie

600 g Zanderfilet waschen, trockentupfen und mit 1 TL Zitronensaft beträufeln, mit 1 Prise Salz und 1 Prise Pfeffer würzen.

In einer Pfanne 40 g Butter heiß werden lassen und den Fisch darin goldbraun backen.

Meerrettichkruste:
Von 3 Scheiben Toast die Rinde abschneiden und Toastbrot in einer Küchenmaschine fein mahlen. In einer Schüssel 30 g Butter schaumig rühren, Meerrettich zugeben und gut verrühren. Das Toastbrot, 1 Eigelb und 1/2 Bund Petersilie, gehackt, zugeben, mit 1 Prise Salz und 1 Prise Pfeffer aus der Mühle würzen und alles gut vermischen.

Die Masse dünn auf das Zanderfilet streichen, mit 20 g Butter als Flöckchen belegen und unter dem Grill goldgelb gratinieren.

Zander mit Meerrettich auf Lauchgemüse

Zutaten für 2 Personen:

2 Stangen Lauch
1 Bund Blattpetersilie, fein geschnitten
3 EL geriebenes Weißbrot
2 Zanderfilets à 200 g
1 Schalotte, fein geschnitten
1 Knoblauchzehe, gepresst
1/8 l Fischfond
4 EL Meerrettich, gerieben
Salz, Pfeffer, Butter

Den Lauch putzen und die harten äußeren Blätter entfernen. Dann halbieren, auswaschen, die Lauchhälften in Salzwasser blanchieren. In kaltem Wasser abschrecken und in 10 cm lange Stücke schneiden. Lauch in eine gebutterte Auflaufform legen, mit etwas Pfeffer würzen, mit 1 Esslöffel geriebenem Brot, der Hälfte der Petersilie und Butterflöckchen bestreuen und unter dem Grill gratinieren.
Die Zanderfilets mit Salz und Pfeffer würzen und in einer Pfanne mit Butter von beiden Seiten je 3 Minuten braten. Aus der Pfanne nehmen und warm stellen. In der Pfanne Schalotten und Knoblauch anschwitzen, mit Fischfond ablöschen und etwas einkochen lassen. Dann in eine Schüssel umfüllen und mit 2 Esslöffel geriebenem Brot, Meerrettich, restlicher Petersilie vermischen und mit Salz und Pfeffer abschmecken. Diese Masse auf die Zanderfilets streichen, ein paar Butterflöckchen darüber geben und unter dem Grill etwa 4 Minuten gratinieren. Die Zanderfilets mit dem Lauchgemüse anrichten.

Fleisch

Altenburger Rinderbraten

Zutaten:

- 1 Filet, falsch, vom Rind (ca. 1,5 kg)
- 2 EL Estragon, gehackt
- 1 EL Rosmarin, gehackt
- 1 EL Bohnenkraut, gehackt
- 1 EL Basilikum, gehackt
- 60 g Meersalz, 1 Speckschwarte
- 100 g Räucherspeckstreifen
- 250 g Zwiebeln, rote
- 1 Knoblauchzehe, 1 Zitrone
- 1/4 l Rotwein, 1/2 l Rinderbrühe
- 2 EL Speisestärke, gerührt
- Salz, Pfeffer, frisch gemahlen
- 50 g Meerrettich, frisch gerieben

Estragon, Rosmarin, Bohnenkraut und Basilikum mit dem Meersalz mischen und damit das Fleisch am Vortag einreiben.
Die Speckschwarte mit den Räucherspeckstreifen in einer heißen Pfanne auslassen und das Fleisch darin auf allen Seiten kräftig anbraten. Die Zwiebeln schälen und grob würfeln, zu dem Fleisch geben. Den Knoblauch halbieren und die Zitrone schälen. Nun Knoblauch mit Zitronenfruchtfleisch zugeben und mit dem Rotwein und der Rinderbrühe auffüllen. Den Topf abdecken und für ca. 1 1/2 bis 2 Stunden in den 180 ° heißen Herd schieben. Das Fleisch aus dem Topf nehmen, die Soße entfetten (!), einkochen lassen und durch ein feines Sieb passieren. Den Braten aufschneiden, den Meerrettich darüber reiben und mit der Soße und Kartoffelklößen als Beilage servieren.

Altwiener Krenfleisch

Österreich

Zutaten für 4 Personen:

- 1,2 kg Schweineschulter
- 1 kg Erdäpfel (Kartoffeln)
- Salz
- 1 Karotte
- 1/2 Petersilienwurzel
- 1/2 Zeller (Sellerie)
- 50 g Zwiebeln
- 125 ml Essig
- Pfefferkörner
- 200 g frischer Kren (Meerrettich)

Die Erdäpfel schälen, waschen und in Salzwasser gar kochen. Daneben die Schweineschulter und Wurzelwerk in Stücke schneiden. Zwiebeln fein hacken. Salzwasser zum Kochen bringen, Fleisch, Wurzelwerk und Zwiebeln hineingeben, Essig und Pfefferkörner hinzufügen. Alles weich kochen, dann das Fleisch herausnehmen und in einer Schüssel anrichten. Einen Teil des Suds darüber gießen, Gemüse anrichten und mit den gekochten Erdäpfeln servieren. Reich frisch gerissenen (geriebenen) Kren darüber geben.

Burger mit Meerrettich-Käse-Sauce

Zutaten:

2 Knoblauchzehen mit 1/2 TL Salz zerrieben
2 EL Butter
1 kleines Baguette, der Länge nach halbiert und nochmals jeweils durchgeschnitten
80 g Sauerrahm
100 g geriebener Cheddar oder ein anderer würziger Hartkäse
1 EL Meerrettich
1 TL Chilies (frisch, oder etwas geringere Menge getrocknet)
Öl
500 g Hackfleisch

Knoblauch und Butter erhitzen, schmelzen und die Baguettehälften damit einpinseln. Etwas angrillen. Sauerrahm und Käse in einem Topf erhitzen, schmelzen, Meerrettich und Chilies einrühren (nicht kochen). Aus dem Fleisch, Salz und Pfeffer 4 Burger formen. Grillen. Die Brotscheiben damit belegen (sie werden nicht zugedeckt) und darüber die Käsesauce geben.

Fränkisches Hochzeitsessen

Zutaten für 4 Personen:

1 kg Ochsenbrust
1/2 Stange Lauch, 1 Gelbe Rübe
2 Zwiebeln, 1 Scheibe Sellerie
Salz, gemahlener weißer Pfeffer
2 kleine Stangen Meerrettich
Mehl, 1/2 l Milch
Zucker, Zitronensaft, 1 Eigelb
2 EL süße Sahne, Preiselbeeren

Zum Kochen des Fleisches einen großen Topf mit Wasser aufsetzen. Hinein kommen Lauch, Gelbe Rübe, eine halbierte Zwiebel, Sellerie und Salz. Wenn der Wurzelsud kocht, das Fleisch hinzugeben und etwa zwei Stunden leicht wallen lassen.
Für die Meerrettichsoße zwei Stangen frischen Meerrettich reiben und eine Zwiebel ganz fein hacken. In etwas Butter leicht andünsten, mit vier Esslöffeln Mehl bestäuben und mit einem viertel Liter vom Wurzelsud und ½ Liter Milch aufgießen. Unter Umrühren leicht aufkochen. Die Soße mit Salz, Pfeffer und etwas Zucker abschmecken. Je nach Geschmack noch maximal zwei Teelöffel Zitronensaft zugeben. Ein Eigelb mit zwei Esslöffeln Sahne verquirlen und in die Soße rühren, die dann allerdings nicht mehr kochen darf.

Bemerkungen: Dies ist Hauptbestandteil des Fränkischen Hochzeitsessens. Dazu gehören zum Eingang eine Leberknödelsuppe, die aus der Fleischbrühe hergestellt wird. Zum Rindfleisch werden breite Nudeln und Preiselbeeren serviert. Nachtisch sind Apfelkräpfli.

Gekochte Kalbsbrust mit warmer Meerrettichsauce und Steckrüben-Kartoffel-Gemüse

Zutaten für 4 Personen:

Kalbsbrust:
- *1 kg Kalbsbrust*
- *1 Zwiebel, 1 große Karotte*
- *1/4 Sellerieknolle, 1/2 l Kalbsfond*
- *1/2 l Weißwein, 3 Lorbeerblätter*
- *3–4 Thymianzweige*
- *etwas Salz*
- *Pfeffer aus der Mühle*
- *1 TL Wacholderbeeren*

Gemüse:
- *1 mittelgroße Steckrübe*
- *4 Kartoffeln*
- *1 Zwiebel*
- *Butter*
- *1/2 l Kalbsfond*
- *2 TL gehackte Petersilie*

Sauce:
- *1 Schalotte*
- *1 Apfel (Boskop)*
- *1/4 Stange frischer Meerrettich*
- *1/4 l süße Sahne*
- *2 EL Butter*
- *1 zerbröselte Scheibe Toastbrot*
- *etwas Zucker und Salz*

Die Kalbsbrust kalt abspülen und trockentupfen. Das Gemüse putzen, schälen und klein schneiden. Den Fond und den Wein zusammen mit dem Gemüse und den Würzzutaten in einen großen Topf geben. Das Ganze zum Kochen bringen, das Fleisch hineingeben und etwa $1^1/_2$ Stunden leise köcheln lassen.

Inzwischen die Steckrübe und die Kartoffeln schälen, waschen und in etwa 2 cm große Würfel schneiden. Die Zwiebel schälen und fein würfeln. Die Butter in einem Topf erhitzen, die Zwiebelwürfel kurz darin anschwitzen, dann den Fond angießen, die Rüben sowie Kartoffeln dazugeben und alles zum Kochen bringen. Das Ganze etwa 20 Minuten kochen lassen.

In der Zwischenzeit die Schalotte schälen und ganz fein würfeln. Apfel und Meerrettich schälen und beides sehr fein reiben. Die Sahne steif schlagen. Die Butter in einem kleinen Topf erhitzen, die Schalottenwürfel darin anschwitzen, alles mit dem Fond ablöschen und die Toastbrösel hineingeben. Das Ganze mit Salz und Zucker abschmecken, Apfel und Meerrettich darunter rühren und die Sauce warm stellen.

Das Steckrüben-Kartoffel-Gemüse abgießen, in der Petersilie schwenken und warm halten.

Die Kalbsbrust aus dem Sud nehmen, in dünne Scheiben schneiden und zusammen mit dem Gemüse auf vorgewärmten Tellern anrichten. Die Sahne vorsichtig unter die Meerrettichsauce ziehen und etwas Sauce über das Fleisch geben.

Gekochter Osterschinken mit Krenkruste Lauchgemüse und Bratkartoffeln

Österreich

Zutaten für 4 Personen:

1 kg Selchfleisch

Kruste:

1/2 kg Zwiebeln
120 g Rundkornreis
1/4 l Kochfond (entsteht beim Selchfleisch-Kochen)
2 Dotter
2 EL Kräuter, gehackt
4 EL Kren, fein gerissen
1/2 kg Lauch
1 kg Erdäpfel
Salz, Pfeffer, Muskatnuss
Butter, Öl

Selchfleisch in so viel heißes Wasser legen, dass es knapp bedeckt ist. Auf kleiner Flamme weich köcheln (dauert ca. 40 Minuten). Inzwischen Zwiebel schälen, in dünne Scheiben schneiden und 2 Esslöffel Butter anschwitzen. Reis dazugeben und kurz mitrösten. Kochfond zugießen und den Reis unter ständigem Rühren dünsten, bis er weich ist (ca. 1/4 Stunde). Reis mit dem Stabmixer feinst pürieren, Dotter, Kräuter und Kren untermischen und mit Salz, Pfeffer und Muskatnuss abschmecken. Backrohr auf starke Oberhitze vorheizen. Selchfleisch aus dem Fond heben, mit einem Tuch trockentupfen und in eine Pfanne setzen.

Fleisch gleichmäßig mit der Kräutermasse bestreichen, ins vorgeheizte Rohr (oberste Schiene/Gitterrost) schieben und goldbraun überbacken (ca. 10 Minuten). Vom Lauch das Grüne wegschneiden, die Stangen putzen, waschen, in Scheiben schneiden und in leicht gezuckertem Wasser bissfest kochen. In einer Pfanne mit Butter schwenken, mit Salz, Pfeffer und Muskatnuss würzen. Erdäpfel waschen, kochen und schälen. In einer Pfanne etwas Butter und Öl erhitzen und die Erdäpfel darin knusprig braten.

Den Osterschinken mit dem Lauchgemüse und den gebratenen Erdäpfeln servieren.

Gekochte Schweine-schulter in Krensauce

Zutaten für 4 Personen:

1 kg Schweineschulter (am besten von der dicken Schulter)
2 Karotten, 1/2 Sellerieknolle
1/2 Stange Lauch
2 Lorbeerblätter
1 Messerspitze Kümmel
1/2 TL Pfefferkörner
1 Schuss Weißweinessig

Krensauce:
ca. 1/2 l Kochsud der Schweineschulter
0,1 l Obers (Sahne), 50 g Butter
1/2 Semmel oder 2 Toastbrotscheiben
2 TL geriebener Kren, Salz, Pfeffer

Die Schweineschulter in kochendes Wasser legen und weich kochen (etwa 1 Stunde). Das geputzte Gemüse mitkochen, aber früher herausnehmen, damit es noch etwas Biss hat. Vom Kochsud einen halben Liter abseihen. In einem Topf noch etwas einkochen lassen. Butter und Obers einrühren und noch etwas weiterköcheln lassen. Das mitgekochte Gemüse in Stifte schneiden. Toastbrotscheiben oder Semmel entrinden und feinwürfelig schneiden. Die Würfel mit einem Pürierstab in den eingekochten Sud einmixen. Die Sauce würzen, noch einmal aufkochen und frisch geriebenen Kren dazugeben.
Schweineschulter in Scheiben schneiden, auf Tellern anrichten, mit der Krensauce überziehen. Die in etwas Kochsud angewärmten Gemüsestifte darüber streuen.
Dazu reichen Sie am besten Salzkartoffeln.

Gekochtes Rindfleisch mit Meerrettichsauce

Niederbühl

Zutaten für 4 Personen:

1 Bund Suppengrün
40 g Mehl
4 EL süße Sahne
30 g Butterschmalz
1 Lorbeerblatt
3 Wacholderbeeren
500–750 g Ochsenbrust
2–3 EL geriebener Meerrettich

Fleisch mit grob zerkleinertem Suppengrün, Lorbeerblatt und Wacholderbeeren in so viel Wasser geben, dass das Fleisch bedeckt ist. Ankochen und 120 bis 150 Minuten fortkochen. Nach 60 Minuten Gardauer Salz hinzufügen. Fleisch herausnehmen und warm stellen, Brühe durch ein Sieb gießen.

Für die Sauce Butterschmalz erhitzen, Mehl darin andünsten. Mit $^1/_2$ l Brühe unter Rühren ablöschen, Meerrettich hinzufügen und aufkochen. Mit Salz und Zucker abschmecken und mit Sahne verfeinern. Fleisch in Scheiben schneiden und mit der Meerrettichsauce servieren.

Beilage: Petersilienkartoffeln, Blattsalat.

Geräucherte Schweineschulter mit Kartoffeln und Meerrettichsauce

Zutaten für 4 Personen:

- 1 geräucherte Schweineschulter, ca. 800 g
- 1 kleine Zwiebel
- 220 g Knollensellerie
- 1 kg Kartoffeln
- 40 g Gelatine, gemahlen
- 150 g Petersilie, gehackt
- 1 Lorbeerblatt
- 1 Thymianzweig
- 1 Knoblauchzehe
- getoastetes Weißbrot

Sauce:

- 2 EL Meerrettich, frisch gerieben
- 1/4 l Sahne
- 1 EL Weinessig
- Salz
- Pfeffer

Die Schweineschulter am Vortag in einen großen Topf legen und mit kaltem Wasser bedecken. Tags darauf die Zwiebel schälen, die abgezogene Knoblauchzehe quer halbieren und den Sellerie in große Würfel schneiden.

Zusammen mit dem Thymianzweig und Lorbeerblatt in den Topf mit dem Fleisch geben und $1\frac{1}{2}$ Stunden kochen lassen. Anschließend das Fleisch in der Brühe abkühlen lassen. Die Kartoffeln in Salzwasser garen.

1 Liter Flüssigkeit von der Schweineschulter in einen Topf abgießen und zum Kochen bringen. Die Gelatine zugeben, gut umrühren und die Brühe abkühlen lassen. Dann die gehackte Petersilie untermischen.

Den Knochen der Schweineschulter auslösen und das Fleisch in ca. 4 mm dicke Scheiben schneiden. Die fertig gegarten Kartoffeln abkühlen lassen, schälen und in ca. 2 cm dicke Scheiben schneiden. Eine ca. 25–30 cm lange Terrinenform mit Klarsichtfolie auslegen und eine dünne Schicht Petersiliengelee einfüllen. Nun abwechselnd Fleisch, Kartoffeln und Gelee einschichten, dabei mit einer Geleeschicht abschließen. Die Schichten fest zusammendrücken und die Terrine, mit Klarsichtfolie bedeckt, 6 Stunden in den Kühlschrank stellen.

Kurz vor dem Servieren die Meerrettichsauce zubereiten: Die Sahne in einer großen, gekühlten Schüssel schaumig aufschlagen, Salz, Pfeffer, Essig und Meerrettich untermischen.

Die Terrine vor dem Servieren stürzen, den Inhalt in Scheiben schneiden, Sauce und getoastetes Weißbrot getrennt dazu reichen.

Gesottenes Ochsenfleisch

mit warmer Meerrettichsauce

Zutaten für 4 Personen:

1 kg Ochsenfleisch (Bugblatt oder Tafelspitz), 80 g Schmalz
1/2 Zwiebel, klein geschnitten
1 Tomate, geviertelt
1 Knoblauchzehe
1 Bund klein gewürfeltes Suppengrün, Pfeffer, Salz

Meerrettichsauce:

20 g Butter, 20 g Mehl
0,3 l Fleischbrühe, 0,2 l süße Sahne
frischer Meerrettich

Das Schmalz erhitzen, darin die Zwiebel, Tomate, Suppengrün und Knoblauchzehe anbraten. Das Fleisch pfeffern und salzen, zu dem Gemüse geben und von allen Seiten anschmoren. Mit leicht gesalzenem Wasser auffüllen, bis das Fleisch bedeckt ist, und 1–2 Stunden sieden lassen, keinesfalls heftig kochen. Das Fleisch ist gar, wenn es sich mit einem Messer gut durchstechen lässt. In Scheiben schneiden, auf gut vorgewärmten Tellern mit etwas Brühe und Meerrettichsauce servieren.
Dazu passen in Butter geschwenkte breite Bandnudeln, sauer eingelegtes Gemüse oder auch ein grüner Salat.

Meerrettichsauce:
Das Mehl in der Butter anschwitzen, aber auf keinen Fall Farbe annehmen lassen. Mit der Fleischbrühe auffüllen, mindestens 15 Minuten durchkochen lassen. Süße Sahne dazugeben, noch einmal aufkochen. Nach Geschmack frischen Meerrettich dazugeben, nicht mehr kochen lassen.

Gratinierte Ochsenlendchen

Zutaten für 2–4 Personen:

2–4 Stück Ochsenlendchen / Ochsenrücken
Salz und Pfeffer
100 g Mandelblätter, geröstet

Gemüse:

Karotten, Zucchini
Kartoffeln
8 Zehen Knoblauch
Lauch, Jungzwiebeln
Broccoli, Blumenkohl

Knoblauchjus:

0,3 l Rinderbrühe
3 EL Honig
0,2 l Rotwein
50 g Butter

Kruste:

200 g Butter
250 g Semmelbrösel
Salz und Pfeffer
100 g Meerrettich aus dem Glas

Kruste:
Semmelbrösel, weiche Butter, Gewürze und Meerrettich vermischen.

Soße:
Honig in einem Topf karamellisieren, mit dem Rotwein ablöschen und mit der Rinderbrühe aufgießen. Eine Kartoffel fein reiben, zur Bindung zum Fond geben. Den Fond einkochen lassen, vor dem Servieren mit Butter aufmixen.

Die Lendenscheiben mit Salz und Pfeffer würzen, von beiden Seiten kurz anbraten und mit der Kruste bedecken. Die so vorbereiteten Lendenscheiben bereitstellen. Die Knoblauchzehen in der Pfanne kurz anbraten und zu den Lendenscheiben setzen.

Das Gemüse säubern, Karotten, Lauch und Broccoli bissfest garen. Kartoffeln halbieren und bei etwa 190 ° C ca. 25 Minuten im Backofen backen. Die Zucchinischeiben erst 5 Minuten vor Garende zum anderen Gemüse geben.

Die Lendenscheiben unter dem vorgeheizten Grill bei 275 ° C nach gewünschtem Gargrad 3–4 Minuten gratinieren. Das Gemüse gut abtropfen lassen und auf den Teller geben, die Mandelblättchen darüber streuen. Die gerösteten Knoblauchzehen und die überbackenen Lendchen ebenso anrichten. Die Jus über die Knoblauchzehen gießen und schnell servieren.

Grünkohlauflauf mit Meerrettichkruste

Zutaten für 6 Portionen:

1 kg Grünkohl, 500 g Zwiebeln

50 g Schweineschmalz

800 g Kasseler mit Knochen (vom Fleischer ausgelöst, die Knochen grob gehackt)

50 g geräucherte Schweineschwarte

Salz, Pfeffer, Muskatnuss

1 EL mittelscharfer Senf

50 g Meerrettich, 1/4 l Brühe

70 g Semmelbrösel

1 1/2 EL Crème fraîche

30 g Butter oder Margarine

Grünkohl putzen, gründlich waschen, 3 Minuten in kochendem Wasser vorgaren, gut abtropfen lassen, dann fein hacken. Zwiebeln würfeln. Schmalz in einem großen Topf erhitzen. Kasselerknochen und Schwarte darin kurz anbraten und herausnehmen. Zwiebeln hineingeben, glasig dünsten. Grünkohl nach und nach dazugeben. Knochen und Schwarte wieder in den Topf geben, mit Brühe auffüllen, zugedeckt bei mittlerer Hitze 1 Stunde garen. Mit Pfeffer, Salz, Muskatnuss und Senf würzen. Meerrettich mit Semmelbröseln und Crème fraîche verkneten. Kasseler in 1/2 cm dicke Scheiben schneiden, pfeffern. Nach Ende der Garzeit Knochen und Schwarte entfernen. Grünkohl und Kasseler in eine feuerfeste Form schichten, mit Grünkohl abschließen. Mit Meerrettichmasse bestreuen und mit zerlassenem Fett beträufeln. Im Backofen ca. 15 Minuten bei 200–220 ° C überbacken.

Hammelfleisch mit sauren Gurken und Zwiebel-Meerrettich-Sauce

Brandenburg

Zutaten für 4 Personen:

Hammelfleisch: 1 1/2 kg Hammelbrust oder -schulter
9 Zwiebeln, Salz, gemahlener Pfeffer
2 Knoblauchzehen, 2 TL Kümmel
125 g Margarine, 3 EL Mehl
1 kg eingemachte saure Gurken
2 EL frische Kräuter der Saison

Zwiebel-Meerrettich-Sauce:

7 mittelgroße Zwiebeln
4 EL Butter
gemahlener Pfeffer, Salz
etwas Essig, 5 EL Mehl
800 ml Milch, 1/4 l Fleischbrühe
6 EL geriebener Meerrettich
Zucker

Das Fleisch (mit den Knochen) wird gewaschen, in Stücke zu etwa 100 g geschnitten, mit den grob in Ringe geschnittenen Zwiebeln in einen großen Topf gelegt und gut mit Wasser bedeckt.

Wenn das Wasser kocht, schmeckt man mit Salz und Pfeffer ab und gibt die geriebenen Knoblauchzehen und den Kümmel dazu. Dann lässt man alles bei schwacher Hitze etwa 90 Minuten lang köcheln.

In einem Schmortopf erhitzt man die Margarine und rührt darin das Mehl zu einer hellbraunen Schwitze. Die Hammel-Zwiebel-Brühe sowie die Gurkenlake gießt man dazu, verkocht alles zu einer sämigen Sauce und schmeckt sie mit dem Meerrettich und den Kräutern ab. Das Fleisch und die gewürfelten Gurken werden in die Sauce gegeben und noch 15 Minuten auf kleiner Flamme gegart.

Zwiebel-Meerrettich-Sauce:
Die Zwiebel schneidet man in feine Ringe und dünstet sie in der Butter an, bis sie glasig sind. Dann würzt man sie mit grob gemahlenem Pfeffer und einer Prise Salz und löscht mit einem Schuss Essig ab. Das Ganze wird mit Mehl bestreut und gründlich umgerührt. Dann füllt man mit der Milch auf und lässt unter Umrühren alles aufkochen.

Man gibt die Brühe hinzu, verkocht alles zu einer sämigen Sauce, rührt den Meerrettich unter und schmeckt mit Zucker ab.

Bemerkung: Rezept aus Brandenburg

Hasenrücken mit Meerrettichsauce

Zutaten für 4 Personen:

1 Hasenrücken (700–800 g)
50 g Räucherspeck, in dünne Scheiben geschnitten
Salz
Pfeffer aus der Mühle
3 Schalotten, fein gewürfelt
1 Karotte, in dünne Scheiben geschnitten
1 Thymianzweig
1 Lorbeerblatt
1 Rosmarinzweig
1 Petersilienstängel
1 EL Öl
Saft von 1/2 Zitrone
50 g Butter
2 EL Cognac
200 ml Schlagsahne
2 EL Sahnemeerrettich

Den Hasenrücken von allen Sehnen befreien und mit kleinen Einschnitten versehen. Mit den Speckstreifen spicken und mit Salz und Pfeffer würzen.

Zusammen mit den Schalotten, der Karotte, den Kräutern, dem Öl und dem Zitronensaft in einen Bräter geben und einige Stunden marinieren. Den Backofen auf 200 ° C vorheizen. Den Hasenrücken trockentupfen. Mit der zerlassenen Butter bestreichen, auf das Wurzelgemüse in den Bräter legen. Im vorgeheizten Bratrohr 12–15 Minuten braten. Das Fleisch sollte sich gerade noch fest anfühlen und innen rosa sein. Dann herausheben und unter Alufolie warm halten. Das Wurzelgemüse aus dem Bräter entfernen. Für die Sauce das überschüssige Fett abgießen. Den Bratensatz mit dem Cognac und der Schlagsahne ablöschen. Zum Kochen bringen und dabei die Reste des Bratensaftes mit einem Holzlöffel vom Boden lösen. Den Sahnemeerrettich einrühren. Die Sauce dickflüssig einkochen lassen und abschmecken. Das Fleisch in nicht zu dicke Scheiben aufschneiden. Mit der Sauce überziehen.

Mit Spätzle und Pilzen servieren.

Hirschkalbskoteletts mit Kirschen und kandiertem Meerrettich

Schweiz

Zutaten:

8 Hirschkalbskoteletts à 80–100 g
1 EL Öl
2 EL Butter
1 kleines Thymiansträußchen
Pfeffer, frisch gemahlen

Sauce:

250 ml Wildfond
(siehe Grundrezept)
250 ml Créme double
(süße Sahne)
40 ml roter Portwein
40 ml Noilly Prat (Wermut)
25 g Salzbutter
Salz, Cayennepfeffer
Zitronensaft
etwas Gin
1 EL geschlagene Sahne
Meerrettich, frisch gerieben

Kandierter Meerrettich:

60 g frischer Meerrettich
70 g Zucker
5 EL Wasser
2 EL Apfelessig

Zum Anrichten:

8 Frühlingszwiebeln
2 EL Butter
2 EL Fleischbrühe
80 g Essigkirschen oder
frische Schwarzwaldkirschen

Hirschkalbskoteletts von Fett und Sehnen befreien, Knochen blank schaben, würzen und vorsichtig in Öl und schäumender Butter von beiden Seiten mit dem Thymiansträußchen etwa 3 Minuten braten, so dass sie innen noch rosa sind. Mit Salz und Pfeffer würzen. Koteletts warm halten.

Für die Sauce Fond und Crème double einkochen lassen. Portwein und Noilly Prat einrühren. Mit dem Pürierstab die Salzbutter unterschlagen und die Sauce mit Salz, Cayennepfeffer, Zitronensaft und einem Schuss Gin abschmecken. Geschlagene Sahne unterheben und etwas frisch geschabten Meerrettich zugeben.

Meerrettich schälen, in Streifen schneiden und in Salzwasser blanchieren. Aus dem Zucker und dem Wasser einen Sirup kochen, die Meerrettichstäbchen darin kochen, bis sie glasig werden. Dann alles mit dem Apfelessig ablöschen.

Lauchzwiebeln putzen, waschen und kurz blanchieren. In einem Töpfchen mit Butter und Fleischbrühe dünsten und mit Salz und Pfeffer würzen. Kirschen leicht erwärmen. Koteletts mit den Frühlingszwiebeln und den Kirschen auf den Teller geben, mit Sauce übergießen und mit den kandierten Meerrettichstäbchen garnieren.

Beilage: Kartoffelküchlein, mit etwas Ingwer abgeschmeckt.

Ingwer-Schweinefleisch mit Limetten-

Meerrettich-Sauce, kreolisch

Zutaten für 4 Personen:

750 g mageres Schweinefleisch ohne Knochen, in 2,5 cm große Würfel geschnitten
3 EL Sojasauce
1 Knoblauchzehe, zerdrückt
1/2 TL schwarzer Pfeffer, frisch gemahlen
1/2 TL Zucker
1 TL Ingwerwurzel, sehr fein gehackt
1 TL Erdnussöl

Limetten-Meerrettich-Sauce

40 g Meerrettich, gerieben
65 ml Limettensaft
65 ml Mayonnaise
100 ml Joghurt
Salz, Pfeffer

Sauce:
Alle Zutaten in einer säurebeständigen Schüssel vermischen. In einem fest verschlossenen Glas über Nacht in den Kühlschrank stellen, damit die Aromen verschmelzen können.
Die Fleischwürfel mit den anderen Zutaten in einer Glasschüssel vermischen und zwei Stunden durchziehen lassen, dabei mehrmals wenden.
Den Backofen auf 170 ° C vorheizen. Die Fleischstücke in einer Lage nebeneinander in einem Bräter verteilen und eine Stunde im Backofen braten, dabei zwischendurch mehrmals wenden.

Mit Limetten-Meerrettich-Sauce servieren.

Kalbsleber-Pflanzerl mit frischem Meerrettich

Zutaten für 4 Personen:

3 Scheiben Weizentoastbrot
200 g Kalbsleber
125 g Schalotten
60 g Butter
1/2 Bund glatte Petersilie
1/2 Bund Majoran
400 g Kalbshack
2 Eier
1 EL mittelscharfer Senf
Salz
weißer Pfeffer aus der Mühle
Muskatnuss, frisch gerieben
2 Laugenbrötchen
40 g Mehl zum Wenden
6 EL Öl
30 g frischer Meerrettich
1 Bund Schnittlauch in Röllchen

Toastbrot grob würfeln und in der Küchenmaschine fein zerkrümeln. Die Kalbsleber grob würfeln und kurz pürieren. Schalotten fein würfeln, in 30 g Butter andünsten. Petersilie und Majoran fein hacken.

Das Kalbshack mit Kalbsleber, Toastbrot, Schalotten, Petersilie, Majoran, 1 Ei und Senf zu einer glatten Masse verkneten, dabei mit Salz, Pfeffer und Muskat würzen.

Das grobe Salz von den Laugenbrötchen entfernen. Die Brötchen grob würfeln und in der Küchenmaschine fein zerkrümeln. Das restliche Ei verquirlen. Aus der Hackmasse mit leicht bemehlten Händen 16 Pflanzerl (Buletten) formen. Dann durch ►

das Ei ziehen und in den Laugenkrümeln locker panieren.

Die Pflanzerl in heißem Öl bei mittlerer Hitze auf jeder Seite 4 Minuten goldbraun braten. 2 Minuten vor Ende der Garzeit die restliche Butter dazugeben. Während des Bratens öfter mit Bratenfett beträufeln. Den Meerrettich waschen, putzen und fein reiben und mit dem Schnittlauch über die Kalbsleber-Pflanzerl streuen.

Kalbstafelspitz mit Apfelmeerrettich

Zutaten für 2 Personen:

1 kleiner Kalbstafelspitz (ca. 500 g)
1 Möhre, gewürfelt
1 Lauchstange, gewürfelt
1/4 Sellerieknolle, gewürfelt
3–4 Pfefferkörner
1 Lorbeerblatt
1 Apfel
1/2 Meerrettichwurzel
250 g Sahne
1 EL Petersilie, fein geschnitten
Salz, Zucker
Butter
Öl zum Anbraten

Den Tafelspitz salzen und in einem Topf mit Öl von allen Seiten Farbe nehmen lassen. Das geputzte und gewürfelte Gemüse dazugeben und kurz anschwitzen, dann mit Wasser ablöschen und auffüllen, bis der Tafelspitz knapp bedeckt ist. Pfefferkörner, Salz und Lorbeerblatt dazugeben und leicht köcheln lassen. Nach 20 Minuten das Gemüse herausnehmen, der Tafelspitz braucht je nach Größe weitere 30–40 Minuten.

Den Apfel schälen, in feine Würfel schneiden, in Butter anschwenken und erkalten lassen. Den Meerrettich schälen und auf einer feinen Reibe reiben. Sahne sehr fest schlagen, mit dem Meerrettich mischen, mit Salz und Zucker abschmecken, die Apfelwürfel und die gehackte Petersilie darunter ziehen.

Das Gemüse in der Brühe vom Tafelspitz erwärmen. Den Tafelspitz gegen die Faser aufschneiden, in tiefen Tellern anrichten, mit Gemüse umlegen, Brühe angießen und eine Nocke Meerrettichsahne obenauf setzen. Dazu Graubrot und Butter servieren. Kartoffeln passen auch. Diese könnten gleich mit dem Gemüse gekocht werden.

Kalbstafelspitz mit Grießnockerl

und Apfelkren

Zutaten für 4 Personen:

1 Kalbstafelspitz (sonst auch Rindertafelspitz)
200 g Rindermarkknochen
2 Möhren
1/2 Knolle Sellerie
1 Stange Porree (Lauch)
Muskat
Pfefferkörner
Lorbeerblätter
3 Zwiebeln mit Schale
Schnittlauch

Apfelkren:

6 Jonagold-Äpfel
1 Zitrone
Salz, Pfeffer
1/2 Stange Kren (Meerrettich)

Grießnockerl:

50 g Butter
1 Ei
100 g Grieß
Salz, Muskat

Den Tafelspitz und die blanchierten Rinderknochen (das Mark vorher entfernen, da es als Suppeneinlage benötigt wird) mit kaltem Wasser aufsetzen. Die Gemüse und Gewürze begeben und langsam köcheln lassen, bis der Tafelspitz gar ist – je nach Größe dauert das ca. 2½ Stunden. Die Brühe aufbewahren.

Apfelkren:

Die geschälten Äpfel mit einer feinen Reibe schaben, Zitronensaft dazugeben, mit Salz und Pfeffer würzen und den geschälten und geriebenen Meerrettich darunter mengen.

Grießnockerl:
Die Butter mit dem Ei schaumig rühren und den Grieß untermengen. Das Ganze salzen und mit Muskat abschmecken. Mit einem Esslöffel die Nockerl formen und diese in kochendem Salzwasser ca. 10 Minuten kochen.

Den Topf vom Feuer nehmen und die Nockerl im Wasser noch ca. 10 Minuten ziehen lassen.

Die Brühe passieren, aufkochen lassen und eventuell noch einmal mit Salz und Muskat abschmecken. Den Tafelspitz gegen die Faser in ca. 1 cm dicke Scheiben schneiden. In der Terrine die Brühe mit dem Tafelspitz, den Grießnockerl und den Rindermarkscheiben anrichten.

Serviert wird zunächst die Brühe mit den diversen Einlagen, anschließend dann der Tafelspitz mit dem Apfelkren.

Kalbszunge mit Wurzelgemüse und Kren

Zutaten für 4 Personen:

800 g Kalbszunge
150 g Suppengemüse
2 Lorbeerblätter
1 Knoblauchzehe, 6 Pfefferkörner
400 g Kartoffeln
250 g Wurzelgemüse (Möhren...)
40 g Butter, 1 Bund Schnittlauch
1 kleines Stück Meerrettich

Kalbszunge in gesalzenem Wasser zum Kochen bringen und den entstehenden Schaum abschäumen. Zerkleinertes Suppengemüse, Lorbeerblätter und zerdrückte Pfefferkörner zugeben und ca. 1 Stunde bei milder Hitze sieden lassen (die Zunge ist dann optimal gegart, wenn sie nach dem Einstechen leicht wieder von der Gabel heruntergleitet). Anschließend in einer Schüssel mit kaltem Wasser die Haut abziehen. Salzkartoffeln aufsetzen, die Flüssigkeit, in der die Zunge garte, durchs Sieb passieren und das fein geschnittenen Wurzelgemüse darin wenige Minuten garen. Danach das Wurzelgemüse mit wenig Flüssigkeit warm stellen, die Zunge in Scheiben schneiden, zu dem Wurzelgemüse geben und darin erwärmen. Für die Sauce $^1/_4$ l der Garflüssigkeit etwas reduzieren, die kalte Butter mit dem Stabmixer einarbeiten, mit Salz, Pfeffer und Schnittlauch abschmecken. In die Mitte des Tellers etwas Wurzelgemüse geben, darauf die Kalbszungenscheiben anrichten und mit gerissenem / geriebenem Kren (Meerrettich) bestreuen. Die Salzkartoffeln oberhalb des Gemüses platzieren und die Sauce angießen.

Kasseler in Meerrettich-Käse-Sauce

Zutaten für 4 Personen:

- *800 g Kasseler*
- *1 Glas Sahnemeerrettich*
- *2 Packungen Frischkäse*
- *1 großer Becher saure Sahne*

Meerrettich, saure Sahne und den Frischkäse vermengen. Kasseler in Scheiben schneiden.

Nun alles in einer Auflaufform schichten: Fleisch, Masse, Fleisch, Masse. Das Ganze im Backofen durchgaren.

Bemerkung: Wenn man alles schon einen Tag vorher zubereitet und vor dem Verzehr nur noch mal erwärmt, ist die Sauce sehr viel kräftiger, da sie den würzigen Geschmack des Fleisches annimmt.

Kasseler mit Meerrettich-Honig-Kruste

in Mangosoße

Zutaten für 4 Personen:

- *800 g Kasseler*
- *Pfeffer, 200 ml Wasser*
- *1 EL Ingwer, frisch gerieben*
- *7 TL Meerrettich, 2 TL Honig*
- *1/2 Würfel Klare Fleischsuppe*
- *2 EL Crème fraîche*
- *1 Mango*
- *2 EL Soßenbinder für dunkle Soßen*

Kasseler mit Pfeffer kräftig würzen und in einen feuerfesten Bräter setzen. Wasser zugießen und Ingwer zufügen. Im vorgeheizten Backofen bei 200 ° C 45 Minuten garen.

Fünf Teelöffel Meerrettich mit Honig verrühren, den Braten damit bestreichen und weitere 15 Minuten garen. Anschließend das Fleisch herausnehmen und warm stellen.

Soße:
Den Bratenfond mit Wasser auffüllen, zum Kochen bringen und Klare Fleischsuppe darin auflösen. Crème fraîche und 2 Teelöffel Meerrettich zugeben und mit Pfeffer würzen. Mango schälen, am Stein entlang die beiden Hälften abschneiden und den Rest des Fruchtfleisches vom Stein schneiden. Mango in Würfel schneiden und in die Soße geben. Fünf Minuten kochen und mit Soßenbinder für dunkle Soßen binden. Fleisch in Scheiben schneiden und mit der Soße servieren.

Kasseler mit Meerrettichkruste

Zutaten für 2 Personen:

2 Kasseler ohne Knochen
1 Ei
40 g Meerrettich, frisch oder vom Glas
40 g Butterschmalz
60 g Semmelbrösel
2 EL Mehl
Pfeffer aus der Mühle

Kasseler pfeffern und im Mehl wenden, überschüssiges Mehl leicht abklopfen. Das Ei mit Meerrettich verquirlen und das Kasseler darin wenden. Anschließend auch in den Semmelbröseln wenden. Die Panierung gut andrücken.

Butterschmalz in der Pfanne erhitzen. Das Fleisch darin bei mittlerer Hitze von jeder Seite etwa 4–5 Minuten braten.

Koteletts mit Meerrettich-Dip

Zutaten für 4 Personen:

4 Schweinekoteletts (à 200 g)
25 g Butterschmalz
Pfeffer
Salz

Meerrettich-Dip:

125 g Crème double (süße Sahne, 43 v.H. Fettanteil)
150 g Magermilchjoghurt
3 TL geriebener Meerrettich (Glas)
Zitronensaft
Salz

außerdem:

150 g Preiselbeeren (aus dem Glas)

Zuerst die Dip-Zutaten verrühren. Abschmecken. Fleisch waschen, trockentupfen. Im heißen Fett von jeder Seite ca. 5 Minuten braten. Würzen. Mit dem Dip und den Preiselbeeren anrichten.

Dazu reichen Sie Butterkartoffeln und Friséesalat.

Krenfleisch

Zutaten für 4 Personen:

750 g Bauchfleisch (durchwachsen)
1 Bund Wurzelgemüse
(Karotten, Sellerie, Lauch, Petersilienwurzel)
750 g Kartoffeln
Kren (Meerrettich)
1 Brühwürfel
Majoran, Kümmel

Das Wurzelgemüse in Streifen schneiden und mit dem Fleisch in der Brühe kochen. Das Fleisch soll sich leicht vom Knochen lösen, das Gemüse soll noch etwas knackig sein. Je nach Geschmack auch Majoran und/oder Kümmel dazugeben.

Kartoffeln separat in Salzwasser kochen. Fleisch auslösen und in Stücke schneiden, mit dem Gemüse und den Kartoffeln auf einem Teller anrichten, mit etwas Brühe übergießen. Den Kren erst unmittelbar vor dem Servieren reiben und über das Fleisch geben. Am besten passt dazu Bier.

Lammfleisch mit Meerrettichsauce

Zutaten:

1 Kilogramm Lammhals
2 große Zwiebeln
1 Bund Suppengrün
Salz nach Geschmack
5 altbackene Brötchen
1 kleine Stange Meerrettich
1 Ei
Milch

Lammfleisch, Zwiebeln, Suppengrün und Salz etwa zwei Stunden bei guter Hitze kochen, ab und zu abschäumen.

Meerrettichsauce:
Fünf altbackene Brötchen in Würfel schneiden und mit der warmen Lammfleischbrühe übergießen. Mit einem Schneebesen gut verrühren, bis eine dickflüssige Masse entsteht. Diese mit etwas Salz abschmecken und aufkochen lassen. Herd auf schwache Hitze schalten, eine kleine Stange Meerrettich schälen, fein reiben und in die Soße geben (vorsichtig, damit es nicht zu scharf wird). Zum Schluss ein Ei mit etwas Milch aufschlagen und zugeben. Sauce darf anschließend nicht mehr aufkochen.

Dazu reichen Sie Bandnudeln oder Salzkartoffeln und süßsauren Kürbis.

Lammsteaks mit Meerrettich-Minze-Sauce

Zutaten für 2 Personen:

- *2 dicke Lammsteaks*
- *1 Becher Sauerrahm*
- *3 EL frischer Meerrettich*
- *2 EL gehackte grüne Minze (oder alternativ 1 EL getrocknet)*
- *1 EL Senf*
- *1 Knoblauchzehe*
- *Salz, Pfeffer*

Sauerrahm, Meerrettich und die Minze verrühren.

Senf, gepresste Knoblauchzehe, Salz und Pfeffer aus der Mühle vermischen, die Lammsteaks damit bestreichen und grillen.

Die Meerrettich-Minze-Sauce dem gegrillten Lammsteak beigeben und mit einem frischen Minzeblatt garnieren.

Mecklenburger Tafelspitz

Zutaten für 2 Personen:

- *500 g Tafelspitz*
- *130 g Kartoffeln*
- *130 g Sellerie*
- *130 g Lauch*
- *1 Zwiebel*
- *1 Lorbeerblatt*
- *1 Nelke*
- *100 g Kartoffeln, fest kochend*
- *50 g Meerrettich, gerieben*
- *1 Schalotte, fein geschnitten*
- *etwas Weißbrotbrösel*
- *1 EL Petersilie, fein geschnitten*
- *Salz*
- *Pfeffer*
- *Butter*

Den Tafelspitz unter kaltem Wasser abwaschen. Je 100 g Karotte, Sellerie und Lauch zusammenbinden. Das restliche Gemüse in feine Streifen schneiden. Die Zwiebel (mitsamt der Schale) mit einer Nelke und dem Lorbeerblatt spicken.

Das Fleisch, die gespickte Zwiebel und das gebündelte Suppengemüse in einen Topf mit reichlich kochendem Wasser geben, so dass das Fleisch bedeckt ist, das Ganze etwa $^1/_2$ Stunde köcheln lassen. Dabei immer wieder die Brühe abschäumen. Die Gemüsestreifen in Salzwasser blanchieren und in Eiswasser abschrecken.

Für die Kruste die Kartoffeln schälen und grob reiben. Die Schalotte in einer Pfanne mit Butter anschwitzen, die Kartoffeln zugeben und bei geringer Hitze schmoren lassen, bis sie gar sind. Sie sollen allerdings keine Farbe annehmen. Dann Meerrettich untermischen, mit Bröseln abbinden, Petersilie untermischen und mit Salz und Pfeffer abschmecken.

Vom gekochten Tafelspitz das Fett entfernen, dann in Scheiben schneiden und in eine Auflaufform legen. Die Gemüsestreifen in die passierte Brühe geben und diese mit kalten Butterflöckchen abbinden. Mit Salz und Pfeffer abschmecken. Die Brühe über den Tafelspitz geben und die Kartoffelkruste auf dem Fleisch verteilen. Unter der Grillschlange kurz gratinieren.

Dazu passen sehr gut Bratkartoffeln.

Meerrettich-Kalbsmedaillons

Zutaten für 4 Portionen:

8 kleine Kalbsmedaillons
3 Eigelb
4 EL Sahne
2 EL Meerrettich
80 g Gouda, alt
1 EL Sojasauce
Salz, Pfeffer
1 EL Öl
1 EL Butter
100 ml Fleischbrühe

Für die Farce in einer Schüssel Eigelb, Sahne, Meerrettich und frisch geriebenen Käse vermengen. Mit Sojasauce, Salz und Pfeffer kräftig abschmecken.

Die Kalbsmedaillons rundum mit dem Pfeffer einreiben. Im heißen Butter-Öl-Gemisch auf jeder Seite 3 Minuten braten. Aus der Pfanne nehmen.

Den Fond nach Belieben mit Fleischbrühe ablöschen. Die Medaillons mit der Farce bestreichen, in eine Auflaufform legen, Fond zugießen.

Unter dem Grill 8–10 Minuten überbacken.

Meerrettich-Kalbsschnitzel

Zutaten für 4 Personen:

4 Kalbsschnitzel (dünn)
Salz
Pfeffer aus der Mühle
50 g Meerrettich aus dem Glas
2 Eier
130 g Paniermehl
40 g Butterschmalz
1 Kopfsalat
1 Bund Schnittlauch
200 g saure Sahne
1–2 EL Zitronensaft
etwas Zucker
4 Zitronenscheiben

Die Schnitzel von beiden Seiten mit Salz und Pfeffer würzen und mit Meerrettich bestreichen.

Die Eier verquirlen. Die Schnitzel durch die Eimasse ziehen, abtropfen lassen und von beiden Seiten in das Paniermehl drücken, überflüssige Brösel abklopfen. Das Butterschmalz erhitzen. Die Schnitzel bei mittlerer Hitze darin anbraten, wenden und bei milder Hitze weiterbraten. Den Salat putzen, waschen, trockenschleudern und quer in mundgerechte Stücke schneiden. Den Schnittlauch unter die saure Sahne rühren.

Saure Sahne mit Zitronensaft, Salz, Pfeffer und Zucker würzen und über den Salat geben. Die Schnitzel mit Zitronenscheiben und Salat anrichten.

Meerrettich-Rinderrouladen

Zutaten für 4 Personen:

Salz
150 g Zwiebeln
3 EL Öl
Pfeffer
200 g Möhren
2 Lorbeerblätter
150 g Crème fraîche
4 Rinderrouladen à 200 g
2 Scheiben gekochter Schinken à 30 g
40 g Meerrettich aus dem Glas
1 TL Soßenbindemittel

Möhren schälen, mit dem Schnitzelwerk grob raspeln. Rouladen salzen und pfeffern. Schinkenscheiben halbieren, auf die Rouladen legen, mit je 1 Teelöffel Meerrettich bestreichen. Die Möhren darauf verteilen. Rouladen aufrollen, mit Holzstäbchen zusammenstecken. Im heißen Öl bei guter Hitze 10–11 Minuten anbraten. Zwiebeln würfeln, mit dem Lorbeer zum Fleisch geben. Etwa 1/4 l Wasser dazugießen und zugedeckt ca. 1 1/2 Stunden bei kleiner Hitze schmoren. Im Schnellkochtopf verkürzt sich die Garzeit auf ca. 30 Minuten. Rouladen warm halten. Den Sud mit dem restlichen Meerrettich und der Crème fraîche aufkochen. Mit Soßenbindemittel binden, mit Salz und Pfeffer abschmecken. Die Rouladen mit der Soße anrichten.

Dazu passen Porree mit zerlassener Butter und Semmelbröseln sowie Salzkartoffel.

Meerrettich-Schnitzel mit Zitronen-Dip

Zutaten für 4 Portionen:

4 Schnitzel (Schwein oder Pute)
4 EL Meerrettich (Glas)
2 Eier
2 EL Mehl
8 EL Semmelbrösel
3 EL Butterschmalz
3 EL Zitronensaft
200 g Sauerrahm
5 EL Milch
1 Bund Schnittlauch

Die Schnitzel abbrausen und mit Küchenpapier trockentupfen. Nach Belieben mit Salz und Pfeffer würzen. Von beiden Seiten mit Meerrettich bestreichen.

Die Eier in einem tiefen Teller verquirlen. Schnitzel im Mehl, danach im Ei und zum Schluss in den Semmelbröseln wenden.

Das Butterschmalz in einer großen Pfanne erhitzen und die Schnitzel darin ca. 5 Minuten braten.

Den Zitronensaft, den Sauerrahm, die Milch und den Schnittlauch verrühren. Mit Salz und Pfeffer abschmecken.

Die Schnitzel auf Küchenpapier abtropfen lassen, mit dem Zitronen-Dip anrichten.

Dekoration mit Schnittlauchröllchen, geriebenem Meerrettich und Zitronenspalten.

Meerrettich-Tafelspitz

Österreich

Zutaten für 2 Personen:

Salz
400 g Tafelspitz
1 Stück Meerrettichwurzel (etwa 5 cm)
2 EL Butter
schwarzer Pfeffer aus der Mühle
1 Bund Suppengemüse
350 g kleine, festkochende Kartoffeln
1 TL Zitronensaft
1 EL Mehl
1/2 Bund Schnittlauch

1 1/2 Liter leicht gesalzenes Wasser in einem großen Topf zum Kochen bringen. Inzwischen das Suppengemüse waschen und grob zerteilen. Zusammen mit dem Tafelspitz in das kochende Salzwasser geben.

Die Hitze reduzieren, alles zugedeckt etwa 80 Minuten leicht köcheln lassen. Kurz vor Ablauf dieser Zeit die Kartoffeln schälen, eventuell klein schneiden. In die Brühe geben, weitere 20 Minuten köcheln.

Inzwischen den Meerrettich schälen, fein reiben und sofort mit Zitronensaft beträufeln. Die Butter in einem kleinen Topf zerlassen. Das Mehl einstreuen und unter Rühren goldgelb werden lassen.

1/4 Liter der Fleischbrühe angießen. Meerrettich, Salz und Pfeffer einrühren, 5 Mi- ▶

nuten ziehen lassen. Den Schnittlauch in Röllchen schneiden und zur Sauce geben (etwas zum Garnieren übrig lassen), abschmecken und warm halten.

Fleisch aus der Brühe nehmen, in Scheiben schneiden und auf Tellern anrichten. Zusammen mit den gut abgetropften Kartoffeln und der Meerrettichsauce servieren, mit Schnittlauchröllchen bestreuen. Für die Schnittlauchsauce benötigen Sie von der Rinderbrühe nur einen Teil.

Kochen Sie von Beginn an einen Markknochen mit, das ergibt eine kräftigere Fleischbrühe. Die übrig gebliebene Brühe können Sie am nächsten Tag als Suppe servieren.

Nudeltürmchen mit Tafelspitz

und Meerrettich

Zutaten für 5 Personen:

Tafelspitz:

600 g Tafelspitz
1 kleiner Bund Suppengrün
2 Lorbeerblätter
5 Nelken
250 g breite Bandnudeln
Salz
1 EL Öl

Béchamelsauce:

90 g Butter
60 g Mehl
1/4 l Schlagsahne
4 EL Meerrettich, gerieben
1/2 Zitrone
frisch gemahlener Pfeffer
3 dicke Möhren
Fett für die Form
1/2 Bund Schnittlauch

Tafelspitz:
Tafelspitz, geputztes und zerkleinertes Suppengrün, Lorbeerblätter und Nelken in einen kleinen hohen Topf geben. Mit knapp 1 Liter Wasser bedecken und etwa eineinhalb Stunden leicht kochen lassen. Die Nudeln in Salzwasser bissfest kochen, abgießen und das Öl darüber geben.

Béchamelsauce:
Fett in einem Topf zerlassen, Mehl zugeben und so lange mit einem Schneebesen rühren, bis sich Fett und Mehl gut verbunden haben. Einen dreiviertel Liter Brühe (vom Tafelspitz) und die Sahne un-

terrühren. Etwa 5 Minuten unter Rühren kochen lassen. Den Meerrettich unterrühren und die Sauce mit Zitronensaft, Salz und Pfeffer abschmecken. Die Möhren putzen, längs in dünne Scheiben schneiden. Für die Türmchen Nudeln, Möhrenscheiben, Béchamelsauce und Fleisch in eine ofenfeste, gefettete Form schichten, wobei die oberste Schicht Béchamelsauce sein sollte. Im vorgeheizten Backofen bei 200 ° C etwa 25 Minuten überbacken. Zum Servieren mit Schnittlauchröllchen garnieren.

Ochsenbrust mit Meerrettichsoße

Baden

Zutaten für 4 Personen:

Fleisch:

2 Karotten
1 Stange Lauch
1/2 Sellerieknolle
1 Zwiebel
500 g Rinderknochen
1 Markknochen
1 kg Ochsenbrust

Meerrettichsoße:

1/2 Stange Meerrettich
50 g Butter
50 g Mehl
1/4 l Vollmilch
1/4 l Fleischbrühe
etwas Zucker

Salzwasser mit Gemüse und Knochen in einem großen Topf zum Kochen bringen. Wenn das Wasser sachte zu sprudeln beginnt, das abgewaschene Fleisch hineingeben. Das Fleisch 1,5 bis 2 Stunden auf kleiner Flamme köcheln. Dann herausnehmen und einige Minuten ruhen lassen. In Scheiben schneiden und auf einer Platte anrichten. Ein wenig von der Brühe über das Fleisch gießen. Das Gemüse mit auf der Platte anrichten.

Die Meerrettichstange waschen und schaben, dann fein reiben, möglichst am offenen Fenster. Beim Reiben muss die Stange senkrecht gehalten werden, weil der Meerrettich sonst faserig wird. Wird der Meerrettich nicht sofort verarbeitet, mit

Milch in eine Schüssel geben oder sofort mit etwas Mehl bedecken, sonst wird er schwarz. In einem Topf die Butter schmelzen und darin den Meerrettich 5–8 Minuten dünsten. Dann Mehl darüber streuen und weiterrühren, nach weiteren 5 Minuten mit der Brühe und der Milch ablöschen. Nun mit Salz und einer Prise Zucker würzen. Je nach Schärfe muss nun der Meerrettich in gut verschlossenem Topf noch etwas köcheln.

Pikant gefüllte Kasseler Aufschnittröllchen

Zutaten:

2–4 EL Mandelstifte
50 g halbweiche, getrocknete Pflaumen
150 g Frischkäse, fettreduziert
Salz, weißer Pfeffer
4 Scheiben geräucherter Putenbrust-Aufschnitt
1 TL geriebener Meerrettich
einige Salatblätter
1 EL Zitronensaft
1 Prise Zucker
1–2 EL Öl
Holzspießchen

Mandeln in einer Pfanne ohne Fett goldbraun rösten. Herausnehmen und etwas abkühlen lassen. Pflaumen sehr fein würfeln. Mit Mandeln, Frischkäse und 1 TL Meerrettich verrühren. Mit Salz und Pfeffer abschmecken.

Frischkäsecreme auf die Putenbrustscheiben verteilen, aufrollen und mit Holzspießchen feststecken. Salat putzen, waschen und in mundgerechte Stücke zupfen. Zitronensaft, Zucker, Salz und Pfeffer verrühren. Öl kräftig darunter schlagen. Salat und Putenröllchen anrichten. Salat mit Marinade beträufeln.

Tipp: Schmeckt auch mit Puten- oder Bratenaufschnitt. Für Vegetarier die Creme in Käsescheiben einrollen.

Rinderfilets mit Meerrettichkruste

Zutaten für 4 Personen:

7 EL zimmerwarme Butter

5 EL frisch geriebener Meerrettich

1 EL gehackter frischer Thymian

Salz, Pfeffer aus der Mühle

4 EL Semmelbrösel

4 Rinderfilets à 180 g

4 EL Olivenöl

Rinderfilets ca. 2 cm dick schneiden. Frischen Meerrettich reiben. Den Backofen auf 180 °C (Umluft 160°C, Gas Stufe 2–3) mit Grillfunktion vorheizen. Die Butter mit den Quirlen des Handrührers schaumig schlagen. Meerrettich und Thymian untermischen, salzen und pfeffern. Zum Schluss die Semmelbrösel einarbeiten.

Die Rinderfilets mit Salz und Pfeffer würzen. Das Olivenöl in einer feuerfesten Pfanne erhitzen und die Filets darin von jeder Seite 3 Minuten braten. Die Oberfläche der Filets mit der Meerrettichmischung bestreichen. Die Pfanne in den Backofen stellen und die Filets etwa 8 Minuten gratinieren. Herausnehmen und servieren.

Tipp: Servieren Sie die Filets mit Kräuterbratkartoffeln, zubereitet aus rohen Kartoffeln und gehackten frischen Kräutern nach Geschmack.

Rindfleisch mit Meerrettichsauce

Zutaten für 2 Personen:

150 g Rindfleisch aus der Keule, ohne Fett und Knochen

1/4 l Instant-Brühe

250 g Brechbohnen

500 g Kartoffeln

1 EL Meerrettich, gerieben

4 EL saure Sahne (10 %)

1 EL Saucenbinder, hell

Pfeffer, frisch gemahlen

1 Spritzer Süßstoff

Die Brühe aufkochen, das Fleisch 10 Minuten darin garen. Bohnen waschen und fädeln. Kartoffeln schälen, waschen, würfeln und in die Brühe geben und nach 5 Minuten die Bohnen zugeben. Alles zusammen noch 15 Minuten garen. Fleisch und Gemüse in Alufolie heiß halten.

Meerrettich und saure Sahne in die Brühe geben, aufkochen und mit Saucenbinder binden. Die Sauce mit Pfeffer und Süßstoff würzen.

Rindermedaillons unter der Meerrettichhaube

Zutaten für 4 Personen:

- 600 g Rinderfilet
- 500 g grüne Bohnen
- 1/2 Stange Meerrettich (ca. 10 cm), gerieben
- 2 Paprika, gelb
- 1 Scheibe Toastbrot
- 50 g Butter
- Öl
- 150 ml Schlagsahne
- Oregano
- Salz, Pfeffer
- Muskat
- Küchenkräuter zum Garnieren

Die Bohnen waschen, putzen und blanchieren. Den Paprika in kleine Stücke schneiden, in Öl andünsten, mit Sahne auffüllen und anschließend mit Salz und Pfeffer würzen.

Das Fleisch in sechs Medaillons schneiden und in Öl anbraten. Eine Scheibe Toastbrot im Mixer mahlen, mit weicher Butter und dem Meerrettich vermengen und auf die Medaillons streichen. Diese bei 180 ° C Oberhitze in den Backofen geben, bis sie eine schöne braune Farbe angenommen haben.

Die Paprikasauce pürieren und auf einen Teller geben. Die Bohnen abgießen, in Butter, Oregano, Salz, Pfeffer und Muskat nachschwenken und auf die Sauce geben. Die Medaillons darauf verteilen und mit Küchenkräutern garnieren.

Rindfleischsuppe mit Markklößchen…

Zutaten für 4 Personen:

Rindfleischsuppe:

- 1–1,2 kg Rindfleisch, z. B. Buglende, Mittelbug, Tafelspitz
- 2,5 l Wasser
- Suppengrün (1 Stange Lauch, 1 Zwiebel, 1 Stück Knollensellerie, 2–3 Stiele Blattsellerie, 2–3 Stiele Petersilie, 2–3 Karotten, Liebstöckel
- 1–2 Brühwürfel
- 5–6 EL Grünkernmehl
- Salz, Pfeffer, Muskat
- etwas gehackte Petersilie zum Garnieren

Markklößchen:

- 2–3 Markknochen
- 1–2 Eier
- 1 Tasse Weckmehl
- 2–3 EL gehackte Petersilie
- Salz, Pfeffer, Muskat

Meerrettichsoße:

- 1 Stange Meerrettich
- 0,4 l Suppenbrühe
- 6–8 TL Weckmehl
- 1 TL Zucker
- 1 Eigelb
- 4 EL süße Sahne
- Salz, Pfeffer, Muskat

Knochenmark aus Knochen lösen und beiseite stellen. Geputztes und grob zerkleinertes Suppengemüse, Brühwürfel, etwas Salz und Knochen in 2,5 l Wasser

...und Rindfleisch mit Meerrettichsoße

aufsetzen und bei kleiner Hitze köcheln. Nach 15–20 Minuten Knochen herausnehmen. Brühe – wenn nötig – abschäumen und das Rindfleisch in die kochende Brühe geben und ca. 90 Minuten gar kochen. Danach Rindfleisch aus dem Topf nehmen und die Brühe durch ein Sieb geben. 1 l für die Suppe verwenden, 0,4 l für die Meerrettichsoße. In der restlichen Brühe das Fleisch weiter bei kleiner Hitze sieden lassen.

Markklößchen:
Das ausgelöste Knochenmark in einer kleinen Pfanne bei mäßiger Hitze auslassen und durch ein Haarsieb in eine Schüssel geben. Nach dem Abkühlen mit Weckmehl, Ei und Petersilie vermengen und mit Salz, Pfeffer und Muskat kräftig abschmecken. Soviel Weckmehl verwenden, dass ein leicht formbarer Teig entsteht. Daraus kleine Klöße formen und kalt stellen.

Suppe:
1 l Brühe aufkochen lassen. 5–6 Esslöffel Grünkernmehl mit kalter Brühe oder Wasser glatt rühren und mit einem Schneebesen in die kochende Flüssigkeit einrühren. Etwa 10 Minuten köcheln lassen. Die Markklöße hinzufügen, wieder aufkochen, bis die Klöße an der Oberfläche schwimmen. Hitze zurücknehmen und die Klöße noch ca. 5 Minuten ziehen lassen. Suppe mit Salz, Pfeffer und Muskat abschmecken. Vor dem Servieren mit etwas gehackter Petersilie garnieren.

Meerrettichsoße:
Meerrettichstange waschen, abschaben oder schälen, fein reiben. Die reservierte 0,4 l Brühe aufkochen. Das Weckmehl unterrühren und unter ständigem Rühren sämig ausquellen lassen. Den geriebenen Meerrettich hinzugeben (Menge nach Geschmack) und unter ständigem Rühren kurz aufkochen. Mit Zucker, Salz, Pfeffer und Muskat abschmecken (Tipp: für eine strenge Soße kurz kochen, für eine milde Soße länger kochen). Kurz vor dem Anrichten Sahne mit dem Eigelb verquirlen und unter die Soße ziehen. Nicht mehr kochen.

Das Rindfleisch aus der restlichen Brühe nehmen, aufschneiden und mit der Meerrettichsoße anrichten. Dazu reicht man saure Gurken und ein kerniges, kräftiges Brot.

Rippli mit Aprikosenhaube

Zutaten für 10 Personen:

- *800 g halbe Aprikosen*
- *1,5 kg Rippli, gekocht*
- *50 g Dijon-Senf*
- *100 g Meerrettich, gerieben*
- *0,2 l Rahm*
- *2 kg Gratin Dauphinois*
- *100 g Reibkäse*
- *60 g Butter*

Rippli in Portionen à 150 g schneiden.

Aprikosen abschütten, hacken, mit dem Senf und der Hälfte des Meerrettichs mischen. Diese Masse auf die Oberseite der Rippli verteilen.

Gratin Dauphinois in eine gebutterte Gratinform geben, mit Rahm melieren und mit Butterflocken und Reibkäse bestreuen. Die Rippli auf den Gratin legen und im Backofen bei 180° C 12 Minuten backen.

Vor dem Servieren mit dem restlichen Meerrettich bestreuen.

Roastbeef mit Meerrettich-Remoulade

Zutaten:

- *1 kg Roastbeef*
- *Pfeffer, Salz*
- *3 TL Senf*
- *800 g Kartoffeln*
- *Fett zum Einstreichen*
- *2 EL Speiseöl*
- *150 g Meerrettich*
- *150 g Joghurt*
- *50 g gemischte Kräuter (z. B. Dill, Petersilie, Schnittlauch, Kerbel)*
- *50 g Essiggurken*
- *1 hart gekochtes Ei*
- *1 TL Essig*

Backofen auf 225° C vorheizen. Roastbeef waschen, trockentupfen, Fettschicht einritzen und mit Pfeffer, Salz und 2 TL Senf einreiben. Kartoffeln schälen, halbieren, in die Pfanne geben und etwas salzen. Pfanne in den Backofen schieben und Fleisch darüber auf ein gefettetes Rost legen. Mit Speiseöl überträufeln. Zirka 40 Minuten im Backofen braten. Fleisch vor dem Anschneiden in Alufolie gewickelt 10 Minuten ruhen lassen, währenddessen Kartoffeln im Backofen warm halten. Für die Soße Meerrettich mit Joghurt und 1 TL Senf verrühren. Gehackte Kräuter, fein gewürfelte Essiggurken und gehacktes Ei untermischen. Soße mit Salz, Pfeffer und Essig abschmecken.

Roastbeef mit Meerrettichsahne

Brandenburg

Zutaten für 4 Personen:

1,2 kg Roastbeef
2 Stück kleine Zwiebeln
1 Knoblauchzehe
1 Bund Petersilie
1 TL Thymian, 1 EL Rosmarin
1 EL scharfer Senf
5 EL Öl
Salz, schwarzer Pfeffer
200 g frischer Meerrettich
200 g Sahne

Die Fettschicht des Roastbeef rautenförmig einschneiden. Die Zwiebeln schälen und in eine Schüssel reiben. Den Knoblauch dazu drücken. Die Kräuter fein hacken. Alles mit dem Senf, 2 Esslöffeln Öl, Salz und Pfeffer mischen. Das Fleisch damit einreiben und etwa 1 Stunde kalt stellen. Den Backofen auf 250 ° C vorheizen. Das restliche Öl in der Fettpfanne oder einem Bratenblech erhitzen. Das Fleisch dann darin anbraten. Mit der Fettseite nach oben bei 180 °C im Backofen (Mitte) etwa 30 Minuten braten. Dann den Backofen ausschalten und das Roastbeef etwa 15 Minuten ziehen lassen.

Den Meerrettich schälen und fein reiben. Die Sahne steif schlagen, den Meerrettich darunter mischen und mit Salz und Pfeffer abschmecken.

Das Fleisch möglichst dünn aufschneiden. Den Sahne-Meerrettich dazu reichen. Schmeckt auch kalt auf dem Buffet.

Roastbeef mit Meerrettichsauce II

Zutaten für 4 Personen:

1 kg Roastbeef
Pfeffer, Salz, 3 TL Senf
800 g Kartoffeln
Fett zum Bestreichen von Pfanne und Rost
2 EL Speiseöl
150 g geriebener Meerrettich
150 g Joghurt
50 g Essiggurken
1 hart gekochtes Ei, 1 EL Essig

Das Roastbeef waschen, trockentupfen. Die Fettschicht einritzen und mit Salz, Pfeffer und 2 Teelöffel Senf einreiben.

Die Kartoffeln schälen, halbieren, in die Pfanne geben und etwas salzen. Die Pfanne in den Backofen schieben.

Das Fleisch darüber auf einen gefetteten Rost legen. Mit Speiseöl überträufeln. Ca. 40 Minuten im auf 225 ° C vorgeheizten Ofen braten. Danach noch etwa 10 Minuten in Alufolie gewickelt im ausgeschalteten Ofen ruhen lassen.

Die Kartoffeln ebenfalls im Backofen warm halten.

Für die Sauce den geriebenen Meerrettich mit Joghurt und dem restlichen Senf verrühren. Kräuter, fein gewürfelte Essiggurken und gehacktes Ei untermischen.

Mit Salz, Pfeffer und Essig abschmecken.

Rinderrouladen mit Meerrettichfüllung

Zutaten für 4 Personen:

4 Rouladen vom Rind
200 g Frischkäse
2 EL Meerrettich, gerieben
150 g Sellerie
150 g Porree
2 EL Butterschmalz
500 ml Fleischbrühe
250 ml Sahne
1 Bund Petersilie
100 g Walnüsse, gehackt

Das Fleisch mit Salz und Pfeffer würzen. Frischkäse mit Meerrettich verrühren und auf die Rouladen streichen. Die Hälfte der gehackten Walnüsse darüber streuen. Das Fleisch aufrollen und mit Küchengarn binden. Sellerie und Porree waschen und putzen, klein schneiden. Die Rouladen im Butterschmalz rundherum anbraten. Das Gemüse zufügen. Mit Brühe ablöschen und zugedeckt 90 Minuten schmoren lassen. Fleisch herausnehmen und warm stellen. Petersilie hacken und zur Soße geben, restliche gehackte Walnüsse und die Sahne zufügen. Noch einmal kurz aufkochen lassen. Mit Salz und Pfeffer abschmecken.

Rindersteaks mit Zwiebel-Meerrettich-Kruste

Zutaten für 4 Personen:

4 Bio-Rindersteaks à ca. 180 g
2 Zwiebeln
1 EL Butter
2 EL gehackte Petersilie
2 EL Pflanzenöl
2 EL frisch geriebener Meerrettich
Salz, weißer Pfeffer aus der Mühle
600 g junge, mittelgroße, vorw. festkochende Kartoffeln
4 EL Olivenöl
4 EL Butter
2 große Zweige Rosmarin
400 g Rosenkohl
Salz, weißer Pfeffer aus der Mühle

Den Backofen auf 200 °C vorheizen. Für die Gemüsebeilage Kartoffeln waschen, bürsten und samt Schale längs halbieren. Backblech mit Öl einfetten und Kartoffeln mit Schnittfläche nach unten darauf geben.

Rosmarin abbrausen, trockenschütteln, abzupfen und schneiden. Rosmarin auf den Kartoffeln verteilen, salzen, pfeffern.

2 EL Butter in Flöckchen darübergeben. Mit Folie abdecken, im Ofen etwa 1 Std. backen, nach 40 Min. Folie abnehmen. Den Rosenkohl waschen, putzen und vierteln. In kochendem Salzwasser 1–2 Minuten blanchieren, abschrecken.

Für die Steaks Zwiebel schälen und fein würfeln. Butter zerlassen, Zwiebeln darin 5 Min. bei geringer Hitze anbraten. Petersilie und Meerrettich untermischen, mit Salz und Pfeffer würzen. Blech mit Kartoffeln wieder mit Folie abdecken und auf unterste Ofenschiene setzen. Grill des Ofens vorheizen. Steaks mit Salz und Pfeffer würzen. Pflanzenöl erhitzen. Steaks darin pro Seite 2 Min. anbraten. Zwiebel-Meerrettich-Mischung auf den Steaks verteilen und unter dem Grill in etwa 3 Minuten goldbraun gratinieren. Inzwischen die übrige Butter zerlassen und den Rosenkohl darin etwa 3 Minuten anbraten.

Mit Salz und Pfeffer würzen. Die Steaks mit den Rosmarinkartoffeln und dem Rosenkohl auf Tellern anrichten und servieren.

Sauerkraut mit Meerrettich

und weiße Bohnen, Hunsrück

Zutaten für 4 Personen:

1 kg weiße Bohnen (sie werden über die Nacht eingeweicht)
1 l Fleischbrühe, 1 kg Sauerkraut
2 EL Schmalz oder Öl
1 klein geschnittene Zwiebel
1 kg Rauchfleisch
1 Stange Meerrettich
1 1/2 l Milch
je 1 TL Salz, Zucker
2 EL Mehl, 2 Eier
etwas Petersilie und Schnittlauch zum Garnieren

Zuerst die weißen Bohnen in der Fleischbrühe weich kochen. Das Rauchfleisch in fingerdicke Scheiben schneiden. Die Hälfte davon zusammen mit den Bohnen kochen. Die Zwiebel in Öl oder Schmalz rösten, das Sauerkraut und das restliche Rauchfleisch dazugeben und ebenfalls kochen. Nun den Meerrettich putzen, fein raspeln und in der Milch unter ständigem Rühren aufkochen lassen. Vom Herd nehmen. Das Mehl mit etwas Milch glatt rühren und unter den Meerrettich geben. Den Meerrettich etwas abkühlen lassen und dann die Eier unter die Masse rühren. Das Ganze auf kleiner Flamme unter ständigem Rühren fünf Minuten ziehen lassen, von der Kochstelle nehmen. Den Meerrettich erkalten lassen, er wird später kalt zu dem Fleisch gegessen. Sobald die Bohnen weich gekocht sind, kann serviert werden. Dazu wird wie in alten Zeiten Bier und, zum besseren Verdauen, Branntwein getrunken.

Schweinefilet überbacken

Zutaten für 4 Personen:

4 Scheiben Schweinefilet, leicht geklopft, 130–150 g
4 EL geriebener frischer Meerrettich
50 g Butter
4 EL Paniermehl
1 Bund glatte Petersilie
4 Knoblauchzehen, durchgepresst
Salz und Pfeffer

Meerrettich reiben, Knoblauch schälen und durchpressen, Petersilie fein hacken und alles mit der weichen Butter und dem Paniermehl vermischen, mit Salz und Pfeffer kräftig würzen.

Schweinefilets leicht klopfen, salzen und pfeffern und von beiden Seiten je 3 Minuten bei mittlerer Hitze anbraten. Aus der Pfanne nehmen, in eine Auflaufform geben, mit Kräutermischung dick bestreuen und unter dem Grill 3 bis 5 Minuten knusprig gratinieren. Dieses leckere Schweinefilet ist innen noch rosa, mit einer knusprigen Kruste und passt hervorragend zu Kartoffelsalat oder Püree.

Schweinemedaillons mit Apfel-Meerrettich

Zutaten für 4 Personen:

800 g Schweinefilet
2 Zwiebeln
1–2 Äpfel (je nach Größe)
Olivenöl
100 ml Fleischbrühe
150 ml süße Sahne
30 g Meerrettich
Weißwein
Schnittlauch
Salz, Pfeffer

Schweinefilet zu Medaillons verarbeiten. In heißem Olivenöl medium braten, aus der Pfanne nehmen und in Alufolie im Backofen warm halten.

Zwiebelringe andünsten, dann die Apfelstückchen zugeben und 3 Minuten mitdünsten.

Die Brühe, Sahne und Meerrettich zugeben und kurz aufkochen. Mit Salz und Pfeffer würzen und mit 2–3 EL Weißwein abschmecken.

Das Fleisch nochmals dazugeben, durchziehen lassen und vor dem Servieren mit Schnittlauch bestreuen.

Bemerkung: Als Beilage passt Kartoffelpüree oder auch Bandnudeln.

Siedfleisch mit Meerrettichsauce

Zutaten für 4 Personen:

4 l Salzwasser
1 Möhre
1 Porreestange, 1 Stück Sellerie
1 Rinderzunge klein
500 g Rinderbrust
500 g Rinderbeinfleisch
250 g Rinderherz

Für die Meerrettichsauce:

150 g Meerrettich, frisch gerieben
1/8 l Milch, 30 g Mehl
3/8 l Siedfleischbrühe
2 Eigelb

Salzwasser mit dem geputzten Gemüse zum Kochen bringen. Rinderzunge einlegen und 1½ Stunden sieden.

Dann das Rinderbrust- und Beinfleisch zugeben und eine weitere halbe Stunde ziehen lassen. In den letzten 60 Minuten das Herz zugeben und alles weich garen.

Für die Sauce den Meerrettich mit der Milch und dem Mehl verrühren. Die Brühe aufkochen, den Meerrettich einrühren und 1–2 Minuten kochen lassen. Die Sauce mit dem Eigelb legieren.

Wenn die Fleischstücke weich sind, alle Stücke in Scheiben schneiden und auf vorgewärmten Tellern servieren.

Als Beilage passen Petersilienkartoffeln und Rote Bete.

Spreewälder Meerrettichlende

Brandenburg

Zutaten:

800 g Rinderlende
2 EL Walnussöl, Salz
schwarzer Pfeffer, frisch gemahlen
4 Zwiebeln, mittlere Größe
1 Knoblauchzehe
1/4 l Fleischbrühe / Rindsuppe
3 Äpfel
70 g Butter, 1 EL Mehl
5 EL Sahne / Obers
1 EL mittelscharfer Senf
3 EL frisch geriebener Meerrettich
3 EL Johannisbeergelee
weißer Pfeffer, 1 EL Zitronensaft

Die Lende waschen, gut abtrocknen und mit Öl, Salz und Pfeffer einreiben. Die Butter erhitzen, die Lende darin von allen Seiten kurz anbraten. Die Zwiebeln schälen, in Scheiben schneiden und mit dem fein gehackten Knoblauch zum Fleisch geben. Kurz anbraten, mit der Fleischbrühe auffüllen. Die Äpfel in Würfel schneiden und in der Butter andünsten. Mehl und Sahne verrühren, Senf und Meerrettich unterheben. Zu den Äpfeln geben und unter ständigem Rühren 1 bis 2 Minuten schmoren lassen. Das Johannisbeergelee vorsichtig untermischen, alles kurz aufwallen lassen. Den Bratfond durch ein feines Sieb passieren, dazugeben, mit Salz, Pfeffer und Zitronensaft abschmecken. Die Lende aus dem Topf nehmen, in Scheiben schneiden und mit der Sauce auf angewärmten Tellern servieren.

Tafelspitz mit Apfelkren

Zutaten:

1,5 kg Tafelspitz (Rinderhüfte)
2 Rindermarkknochen
1 Bund Suppengrün
2 Zwiebeln
1 Lorbeerblatt
1 TL schwarze Pfefferkörner
2 Gewürznelken
1 TL Salz
2 l Wasser

Für den Apfelkren:

1 Apfel
1 EL Essig
1 EL Zucker, 1 Prise Salz
1/2 Stange Kren (Meerrettich)

Suppengrün putzen und in Stücke schneiden. Zwiebeln abziehen und vierteln. Knochen gründlich waschen. Alles mit den Gewürzen im Wasser zum Kochen bringen. Fleisch ins siedende Wasser geben (damit sich die Poren sofort schließen) und bei niedriger Hitzezufuhr ca. 2 Stunden ziehen lassen (nicht kochen!). Inzwischen den Apfel schälen, fein reiben und mit dem Essig sowie Gewürzen verrühren. Meerrettich reiben und unterheben. Fleisch aus der Brühe nehmen und in Scheiben schneiden. Auf einer vorgewärmten Platte servieren, dazu den Apfelkren und nach Wunsch Kohlrabi-Möhren-Gemüse sowie Salzkartoffeln reichen.

Bemerkungen: Fleischbrühe mit Einlage als Suppe servieren.

Tafelspitz mit Bouillongemüse

und kandiertem Meerrettich

Zutaten für 6 Personen:

1,5 kg Tafelspitz, gut abgehangen, mit etwas Fett
2 geschälte Möhren
1/2 geputzte Stange Lauch
3 Stangen Staudensellerie
1 geschälte Petersilienwurzel
einige Petersilienstiele
1 Zweig Thymian
1/2 Lorbeerblatt
1/2 Knoblauchzehe
10 zerdrückte Senfkörner
5 zerdrückte Pfefferkörner
2 Gewürznelken
1/2 gebräunte Zwiebel
Salz

Bouillongemüse:

500 g kleine Kartoffeln
1/2 Knoblauchzehe
30 g gesalzene Butter
1 gehackte Schalotte
1 EL Estragonessig
3 geschälte, fein gewürfelte Möhren
1/4 l Fleischbrühe
2 geputzte, fein gewürfelte Stangen Staudensellerie
1 geschälte, fein gewürfelte Petersilienwurzel
1/2 geputzte, fein gewürfelte Stange Lauch
1 Zweig Majoran
1 Bund Schnittlauch
Zitronensaft

1 TL geschlagene Sahne
weißer Pfeffer, frisch gemahlen
Salz

Kandierter Meerrettich:
120 g frischer Meerrettich
150 g Zucker
150 ml Wasser, Estragonessig

Den Tafelspitz in reichlich kochendes Wasser geben, einmal kurz aufschäumen lassen, abgießen und das Fleisch kalt abschrecken. Das Fleisch mit kaltem Wasser bedecken, langsam zum Kochen bringen. Das geputzte Gemüse und die Kräuter mit Küchengarn zusammenbinden und zu dem Fleisch geben. Abschäumen, Knoblauch, Senf- und Pfefferkörner, Gewürznelken und etwas Salz zugeben.

Das Fleisch zunächst 1/4 Stunde köcheln lassen. Dann die gebräunte Zwiebel zufügen, etwa 2 Stunden weiterköcheln lassen. Für das Bouillongemüse die Kartoffeln schälen, säubern und vierteln. Einen Topf mit der halbierten Knoblauchzehe ausreiben. 15 g von der Butter zerlassen, die Schalotte darin andünsten. Die Kartoffeln dazugeben und alles mit Estragonessig ablöschen. Die Möhren zugeben und etwas von der Brühe angießen.

Danach den Staudensellerie und die Petersilienwurzel zufügen; die übrige Brühe angießen. Kurz bevor das Bouillongemüse gar ist, den Lauch zugeben und die übrige Butter flöckchenweise unterrühren.

Vor dem Servieren mit fein geschnittenem Majoran und Schnittlauch, Zitronensaft, Sahne, Salz und Pfeffer abschmecken.

Zum Kandieren den Meerrettich schälen und in feine Streifen schneiden. Für 1–2 Minuten in kochendes Salzwasser geben, dann kalt abschrecken und in einem Sieb abtropfen lassen. Mit der Hälfte des Zuckers und 0,1 l Wasser in einen Topf geben und einkochen lassen. Sobald die Flüssigkeit fast völlig verkocht ist, den übrigen Zucker und das restliche Wasser zufügen; erneut einkochen lassen, bis die Meerrettichstreifen klar sind. Zum Schluss mit etwas Estragonessig abschmecken. Den Tafelspitz aus der Brühe heben, abtropfen lassen und in Scheiben schneiden.

Das Bouillongemüse, das Fleisch und den kandierten Meerrettich auf vorgewärmten Tellern anrichten.

Bemerkung: Nach Belieben reichen Sie als Beilage Cremespinat.

Tafelspitz mit Kapern-Meerrettich-Quark

Zutaten für 4 Personen:

1 kg magerer Tafelspitz
$1^1/_2$ l Gemüsebrühe (auch Instant)
1/2 Bund Suppengrün
2 Zwiebeln, 4 Nelken
1/2 Lorbeerblatt
2–3 TL frischer Meerrettich
200 g Magerquark
1 EL gehackte Kapern
2 EL Milch
1 EL gehackter Schnittlauch
weißer Pfeffer, Salz

Die Gemüsebrühe zum Kochen bringen, das Rindfleisch kurz waschen, trockentupfen und hineingeben. Bei geringer Hitzezufuhr etwa 90 Minuten köcheln lassen.
In der Zwischenzeit das Suppengrün putzen, waschen und klein schneiden, die Zwiebeln ungeschält mit den Nelken spicken. Suppengrün, Zwiebeln und Lorbeerblatt nach etwa 60 Minuten hinzufügen und alles garen. Das Fleisch herausnehmen, quer zur Faser (also gegen die Fleischfaser) in etwa fingerdicke Scheiben schneiden und auf einer vorgewärmten Platte anrichten. Nach Belieben mit Schnittlauchröllchen bestreuen.
Für die Sauce Magerquark, Milch, Meerrettich und gehackte Kapern gut verrühren. Mit Salz und weißem Pfeffer würzen und getrennt zum Tafelspitz servieren. Das Fleisch mit ein wenig abgesiebter Brühe begießen und mit Schnittlauch bestreuen.
Als Beilage gibt es Salzkartoffeln und Möhren.

Tafelspitz mit Kren

Zutaten:

650 g Tafelspitz
1/2 Stange Porree, 1 Möhre
2 gestrichene TL Salz
1 TL Selleriesalz
1 Zwiebel, 2 Gewürznelken
1 Lorbeerblatt
1 Stange frischer Meerrettich
Saft einer Zitrone
1 gestrichener TL Zucker

Tafelspitz ist ein besonders zartes Fleischstück aus der Rinderkeule. Es quillt beim Kochen auf, sieht also beim Servieren größer aus. Ein kleiner Fettkranz soll beim Aufschneiden zu erkennen sein.

Den Porree und die Möhre putzen, waschen und grob zerschneiden. Zwei Liter Wasser mit dem Salz, dem Selleriesalz, dem Porree und den Möhrenstückchen zum Kochen bringen. Sobald es kocht, das Fleisch kurz kalt abspülen und ins kochende Wasser geben. Die Zwiebel schälen, mit den Nelken das Lorbeerblatt daran heften und die Zwiebel zum Fleisch geben. Das Fleisch 50 Minuten kochen lassen.

Den Meerrettich schälen, reiben, mit dem Zitronensaft und dem Zucker mischen. Das Fleisch in dicke Scheiben aufschneiden, mit dem Gemüse aus der Brühe garnieren und den Meerrettich dazu servieren.

Dazu Spinat oder anderes Gemüse und Salzkartoffeln reichen.

Tafelspitz mit Meerrettichsauce, marktfrischem Gemüse und Salzkartoffeln

Zutaten für 4–6 Personen:

Tafelspitz und Brühe:
- *1 Stange Lauch*
- *2 große Karotten*
- *3/4 Sellerieknolle*
- *2 Zwiebeln*
- *1 EL Salz*
- *500 g Rinderknochen*
- *1 kg Tafelspitz*

Sauce:
- *100 g frischen Meerrettich*
- *1/8 l Milch, 1/8 l Sahne*
- *1 EL Butter, 1 EL Mehl (gestrichen)*
- *Salz und Pfeffer aus der Mühle*
- *1 Prise Zucker*

Gemüse:
- *1 kleiner Broccoli*
- *2 mittelgroße Karotten*
- *1 Zucchini*
- *50 g Butter*
- *1 Prise Zucker*
- *Kartoffeln*

Tafelspitz und Brühe:
Den Lauch putzen, waschen und in grobe Stücke schneiden. Die Karotten, den Sellerie und die Zwiebeln schälen und in 3 Liter Wasser und einem EL Salz in einem Topf zum Kochen bringen. Die Knochen unter fließendem Wasser abspülen und dazugeben. Sobald das Wasser leicht kocht, den abgewaschenen Tafelspitz hinzufügen. Das Ganze zugedeckt 2 Stunden ziehen lassen. Das Wasser darf dabei nicht kochen, es soll nur sieden.

Gemüse:
Die Karotten und Zucchini mit dem Bundmesser in Scheiben schneiden und mit etwas Brühe leicht blanchieren; die Broccoliröschen hinzugeben. Anschließend Butter erhitzen und das Gemüse darin schwenken, mit etwas Brühe aufgießen und leicht sieden lassen. Mit Salz und Pfeffer aus der Mühle abschmecken.

Sauce:
Den Meerrettich waschen und schälen, in eine Schüssel reiben und sofort 2–3 EL Milch dazugeben. (Wichtig! Ansonsten verfärbt er sich und wird dunkel.)

Etwa 1/8 l Fleischbrühe aus dem Topf entnehmen und abkühlen lassen. In einem kleinen Topf Butter schmelzen, mit Mehl anschwitzen und mit Brühe ablöschen. Die Milch hinzugeben, alles kräftig verquirlen und zu einer leicht sämigen Sauce köcheln. Zum Schluss den Meerrettich einrühren (nicht mehr kochen lassen) und mit Salz, Pfeffer und einer Prise Zucker abschmecken.

Anrichten:
Den Tafelspitz in Scheiben schneiden, das Gemüse und die Petersilienkartoffeln auf dem Teller anrichten und mit der Meerrettichsauce servieren.

Tafelspitz mit Meerrettichsuppe

Zutaten für 6 Portionen:

1,5 kg Tafelspitz
4 Karotten und 1/2 Sellerieknolle in mundgerechten Stücken
2 1/2 Lauchstangen, große Stücke
5 Zwiebeln, geschält
1 TL Wacholderbeeren
1 TL weiße Pfefferkörner
3 Lorbeerblätter, 2 Gewürznelken
1 Prise Muskatnuss, gerieben
Salz

Meerrettichsuppe:

1 Zwiebel, gewürfelt
50 g Butter, 1 TL Mehl
200 g Schlagsahne
200 ml Milch
200 ml Weißwein, trocken
5 TL Meerrettich, frisch gerieben
Salz, weißer Pfeffer
Zucker, 2 TL Zitronensaft

Einlage:

1 Karotte, in schräge Scheiben geschnitten
1/2 Selleriestange, in Rauten geschnitten
1/2 Lauchstange, in Rauten geschnitten
1 TL Butter
Brühe (auch Instant)
Salz, Zucker

Außerdem:

50 g Butter, eiskalt
Meerrettich

Tafelspitz in 1 kleineres und 1 größeres Stück teilen. Mit Gemüse, Gewürzen und Salz in einen Topf geben, mit kaltem Wasser bedecken. Einmal aufkochen lassen, Schaum abschöpfen und Tafelspitz bei schwacher Hitze gut 1 Stunde ziehen lassen, bis das kleinere Stück gar ist. Dieses herausnehmen, mit Tafelspitzbrühe bedecken und über Nacht kalt stellen. Das größere Stück weitere 30 Minuten garen, dann in der Brühe abkühlen lassen und anderweitig verwenden.

Am nächsten Tag erstarrtes Fett von der Brühe abheben, Fleisch herausnehmen und Brühe abseihen. Zwiebel in einem großen Topf in der Butter andünsten, mit Mehl bestäuben, dann Sahne, Milch, 400 ml von der Brühe und den Weißwein einrühren. Alles aufkochen lassen und um 1/3 einkochen. Meerrettich teelöffelweise zugeben, bis der gewünschte Schärfegrad erreicht ist. Mit Salz, Pfeffer, Zucker und Zitronensaft abschmecken.

Das kleine Tafelspitzstück von Sehnen und Fett befreien und das Fleisch in kleine Würfel schneiden. Gemüse in Butter andünsten, mit etwas Brühe ablöschen und mit Salz und Zucker abschmecken. Fleischwürfel zugeben.

Suppe aufkochen, die eiskalte Butter in Würfelchen mit Stabmixer einarbeiten, bis Suppe schön dicklich geworden ist.

Suppe in vorgewärmte Teller füllen, Einlage in die Mitte geben und vor dem Servieren etwas Meerrettich darüber reiben.

Tafelspitz mit Semmelknödeln und Rosenkohl

Zutaten für 2–3 Personen:
600–700 g Rindfleisch (Tafelspitz)
1 Bund Suppengrün
3 Pfefferkörner
2 Wacholderbeeren, Salz
1 Zwiebel

Meerrettich-Sauce:
10 g Butter
10 g Mehl
3–4 EL Fleischbrühe
Salz, Zucker
3–4 EL frisch geriebener Meerrettich
1 EL Sahne

Rosenkohl:
500 g Rosenkohl, Salz
2 EL Speckwürfel
Salz, Muskat

Semmelknödel:
4–5 Scheiben Toastbrot
1/4 l Milch
1 kleine Zwiebel
etwas Butter, 2 Eier
2 EL gemischte Kräuter
Salz, Muskat

Tafelspitz:
Fleisch waschen und trockentupfen, in kochendes Salzwasser geben. Das geputzte Suppengrün, die Pfefferkörner und die Wacholderbeeren dazugeben. Fleisch etwa 2,5 bis 3 Stunden gar kochen. Eine halbe Stunde vor Garende die quer halbierte und dunkel angebratene Zwiebel dazugeben.

Meerrettich-Sauce:
Butter schmelzen lassen, Mehl einrühren, nur leicht angehen lassen, Brühe angießen und unter kräftigem Rühren gut durchkochen lassen. Meerrettich dazugeben, mit Salz und Zucker abschmecken, evtl. mit der Sahne verfeinern.

Rosenkohl:
Putzen, waschen, im kochenden Salzwasser blanchieren. Speckwürfel auslassen, den Rosenkohl durchschwenken, evtl. nochmals nachsalzen, mit Muskat würzen.

Semmelknödel:
Toastbrot fein würfeln, Milch aufkochen, über das Brot geben, ziehen lassen. Zwiebeln in feine Würfelchen schneiden, in Butter glasig werden lassen, mit den Kräutern in die Knödelmasse geben, die Eier hineinschlagen, mit Salz und Muskat würzen, gut durchkneten. Knödel formen, in kochendem Salzwasser garen, bis sie oben schwimmen.

Tafelspitz mit Semmelkren

Zutaten für 4 Personen:

1 kg Rinderknochen und/oder
1 Ochsenschwanz und/oder
1/2 kg Suppenfleisch
2 TL Salz
2 TL brauner Kandiszucker
ca. 1,3 kg Tafelspitz
2 Möhren
1/4 Sellerie
2 Petersilienwurzeln
1 Zwiebel, 3 Nelken
3 Lorbeerblätter
1 TL Pfefferkörner, schwarz
1 Zweig Liebstöckel
1 Zweig Thymian
2 Brötchen oder 5 Scheiben Weißbrot
0,4 l Fleischbrühe
1 TL Pfeffer-Salz-Mischung (1:6)
2 TL Zucker
2 EL Meerrettich
1 EL Zitronensaft
0,25 l Sahne
1 Eigelb

Knochen und Ochsenschwanz (vom Metzger zerhackt) und Suppenfleisch kurz in kochendes Wasser tauchen, abgießen. 2–3 l Wasser, Salz und Kandiszucker mit der Knochen-Fleisch-Mischung kalt aufsetzen, zum Kochen bringen und bei geringer Temperatur 1–2 Stunden köcheln. Das Fleisch (Tafelspitz) waschen und trockentupfen. Möhren, Sellerie, Petersilienwurzeln und Zwiebeln grob zerkleinern. Nelken, Lorbeerblätter, Pfefferkörner, Liebstöckel und Thymian in ein Tee-Ei geben. Die Brühe durch ein feines Sieb gießen und nochmals erhitzen. Die Temperatur sofort verringern, wenn in der kochenden Brühe das Fleisch liegt, das nun im verschlossenen Topf 1 Stunde leise köcheln muss. Das Gemüse und das Gewürz (im Tee-Ei) dazugeben, alles bei geringer Temperatur noch 1 Stunde weiter köcheln und dann bei 90° im Backofen in etwas Brühe warm halten. Bei uns würde man Meerrettichsauce dazugeben, elegant ist auch die „Wiener Art“.

Semmelkren:

Brötchen oder Brot entrinden und in Streifen schneiden. Meerrettich schälen, reiben und mit Zitronensaft vermischen; Sahne und Eigelb verquirlen. Die Brötchenstreifen kurz in der Brühe kochen und mit Pfeffer, Salz und Zucker würzen. Meerrettich dazugeben, 2–3 Minuten mitköcheln, alles mit dem Mixstab aufschäumen und bei kleiner Temperatur (nicht mehr aufkochen) mit der Sahne-Eigelb-Mischung binden.

Tafelspitzsülze mit Apfelkren

Zutaten für 8 Personen:

- *500 g Tafelspitz*
- *1500 ml Wasser*
- *200 g Suppengrün (Möhren, Sellerie, Lauch)*
- *3 Lorbeerblätter*
- *2 Thymianzweige*
- *1 TL Pfefferkörner*
- *1 Prise Salz*
- *1 Zwiebel, halbiert, mit Schale*
- *12 Blatt Gelatine (für 1 l Brühe)*
- *1000 ml Tafelspitzbrühe, passiert*
- *1 Prise Salz, Pfeffer aus der Mühle*
- *1 Möhre*
- *1 Zucchini*
- *1 Kohlrabi*

Apfelkren:

- *2 Äpfel*
- *100 g Meerrettich, geschält*
- *1 TL Zucker*
- *1 Prise Salz*
- *125 ml Apfelsaft*
- *1 Zitrone, Saft*
- *2 EL Weißweinessig*

Tafelspitz in Wasser mit Suppengrün, Lorbeerblättern, Thymianzweigen, Pfefferkörnern und Salz kochen. Damit die Brühe eine schöne Farbe bekommt, Zwiebelhälften ohne Fett in einer Pfanne mit der Schnittfläche nach unten ziemlich dunkelbraun anbraten, in der Brühe mitkochen. Wenn der Tafelspitz weich ist, herausnehmen, abkühlen lassen, in dünne Scheiben schneiden, Brühe durch ein feines Tuch passieren.

Die Brühe muss genau bemessen werden, damit das Gelee richtig fest wird für die Sülze, d. h. pro 1 Liter durchpassierte Tafelspitzbrühe 12 Blatt Gelatine geben. Diese vorher in kaltem Wasser einweichen. Das Ganze dann mit Salz und Pfeffer würzen. Möhre, Zucchini und Kohlrabi in ganz kleine Würfel schneiden.

Eine ausladende Schüssel rundherum mit einigen Eiswürfeln auslegen, hier hinein die Form für die Sülze stellen.

Mit dem Schichten der Tafelspitzsülze beginnen, indem man etwas Brühe hineingießt, Karotten-, Zucchini- und Kohlrabiwürfel darüber streuen, Tafelspitzscheiben darauf legen, dann wieder etwas Gelee darüber gießen, Gemüsewürfel darüber verteilen, Tafelspitzscheiben darauf legen, usw. Arbeitsschritte so oft wiederholen, bis die Form ganz gefüllt ist. Drei Stunden in den Kühlschrank stellen.

Für den Apfelkren Äpfel und Meerrettich schälen, fein reiben. Zucker, Salz, Apfelsaft, Zitronensaft, Weißweinessig zugeben, alles gut miteinander verrühren.

Bemerkung: Als Beilage reichen Sie Salat.

Tellerfleisch

Bayern

Zutaten für 4 Personen:

- 750 g Rindfleisch (Rinderbrust, Hoch- oder Querrippe)
- 1 große Zwiebel
- 2 Nelken
- 1 Lorbeerblatt
- $1^1/_2$ L Wasser, Salz
- 6 Pfefferkörner
- 3 Wacholderbeeren
- 50 g frisch geriebener Meerrettich
- 1 EL Zitronensaft
- 1 TL Zucker

Rindfleisch unter kaltem Wasser abspülen. Die Zwiebel schälen, mit Nelken und Lorbeerblatt spicken. Wasser aufkochen und salzen. Fleisch, Zwiebel und die Gewürze hineingeben, zugedeckt 2 Stunden kochen lassen.

Inzwischen Meerrettich mit Zitronensaft und Zucker in einer Schüssel mischen. Das Fleisch in 1 cm dicke Scheiben schneiden und auf einer Platte anrichten. Mit etwas durchgesiebter Brühe übergießen. Meerrettich in einem dicken Streifen auf das Fleisch verteilen und sofort servieren.

Dazu passen Salz- oder Röstkartoffeln und Sahnewirsing.

Tiroler Krenfleisch

Österreich

Zutaten für 6 Personen:

- 600 g Schweinefleisch
- 1 Zwiebel
- 200 g Suppengrün
- Wasser
- Salz
- 4 Pfefferkörner
- 1 Lorbeerblatt
- 1/8 l Essig
- Kümmel
- 600 g Kartoffeln
- 1 Meerrettich (Kren)
- Salz

Das Schweinefleisch waschen, trockentupfen und in Stücke schneiden. Die Zwiebel schälen und fein hacken. Das Suppengrün putzen, waschen und in Streifen schneiden.

Diese Zutaten in wenig Salzwasser aufsetzen, die Pfefferkörner und das Lorbeerblatt mit in den Topf geben. Das Fleisch halbweich kochen.

Inzwischen die Kartoffeln schälen, waschen und würfeln. Den Essig und die Kartoffeln zum Fleisch geben, noch einmal salzen und den Kümmel zugeben. Das Fleisch jetzt weich kochen lassen. In dieser Zeit den Meerrettich putzen, reiben und vor dem Servieren über das Fleisch streuen.

Wiener Tafelspitz mit Kren

Zutaten für 2 Personen:

600 g Tafelspitz
1 Karotte
1/2 Stange Lauch
1/2 Zwiebel
80 g Sellerie
1 Lorbeerblatt
1 Nelke
3–4 Wacholderbeeren
8–10 Pfefferkörner
2 l Wasser
2 EL Kren
1 EL Sahne
1 Essiggurke
1 EL Schnittlauchröllchen

Karotte, Lauch, Sellerie putzen, waschen, eventuell abbürsten. Karotte mit Lauch und Sellerie zusammenbinden und in das kochende Wasser geben.

Den Tafelspitz in das kochende Wasser zum Gemüse geben, Lorbeerblatt, Nelke, Wacholderbeeren und Pfefferkörner hinzufügen.

Die Zwiebel mit der Schale auf der Schnittfläche leicht anrösten, mit dazugeben und alles sprudelnd kochen, bis das Fleisch gar ist.

Das Fleisch wird in Tranchen geschnitten, auf Tellern angerichtet und mit dem Meerrettich, der mit Sahne verfeinert ist, serviert.

Eine weitere Variante wäre Tafelspitz in Dillsahne mit böhmischen Knödeln:

60 g fein geschnittene Zwiebeln mit 30 g Butter glasig angehen lassen.

Mit 1 EL Mehl verrühren und 4 cl kalter Milch aufgießen, gut durchrühren und 1/8 l Tafelspitzbrühe dazugeben.

Gut kochen lassen und mit 2 EL Sahne verfeinern, mit Jodsalz und Pfeffer abschmecken. Ganz zum Schluss 1 EL Dillspitzen dazugeben. Anstelle von Dill kann man auch 2 EL Kren unter die Sauce geben und so als Meerrettichsauce zum Tafelspitz reichen.

Wiener Tafelspitz mit Semmelkren

Österreich

Zutaten für 6 Personen:

- *1 1/2 TL Salz*
- *1/2 TL Zucker*
- *1 Zwiebel*
- *2 Möhren*
- *2 Liter Wasser*
- *1/2 Sellerieknolle*
- *1/2 TL schwarzer Pfeffer*
- *1/2 Zitrone*
- *1 Petersilienwurzel*
- *2 Stangen Lauch*
- *1 kg Tafelspitz*
- *2 Brötchen*
- *1/2 Tasse Sahne*
- *1 gestrichener TL Speisestärke*

Das Wasser mit 1 gestrichenen Teelöffel Salz zum Kochen bringen. Die Möhren abschaben, waschen und in Stifte schneiden. Die Sellerieknolle dick abschälen, waschen und in dünne Scheiben schneiden. Es sieht hübsch aus, wenn Sie für die Möhren und den Sellerie ein Buntmesser verwenden (gerillte Scheiben). Das Wurzelende und das Blattgrün vom Lauch entfernen, den Lauch halbieren, waschen und in feine Scheiben schneiden. Die Petersilienwurzel abschaben, waschen und in Stücke schneiden. Den Meerrettich abschaben und reiben. Die Brötchen von der Rinde befreien und in kleine Würfel schneiden. 1–2 Teelöffel Zitronensaft auspressen.

Das Fleisch kurz kalt abspülen und in das kochend heiße Wasser geben. Die Möhrenstifte, die Selleriescheiben, die Lauchscheiben und die Petersilienwurzelstücke zufügen und mit dem Fleisch 20 Minuten halbweich kochen. Die Zwiebel schälen und in Streifen schneiden. Wenn das übrige Gemüse halbweich ist, die Zwiebelstreifen und den schwarzen Pfeffer zum Fleisch geben und weitere 30 Minuten kochen lassen. 1/4 l Fleischbrühe entnehmen und mit dem Meerrettich mischen. Dann die Brötchenwürfel 5 Minuten in der Meerrettichbrühe quellen lassen. Den Zitronensaft mit dem Salz und dem Zucker zur Sauce geben. Die Sahne mit der Speisestärke verrühren, in die Meerrettichsauce gießen, alles unter Rühren einige Male aufwallen lassen und warm stellen. Das Fleisch, wenn es gut weich ist, was sich durch einen Einstich mit der Gabel feststellen lässt, aus der Fleischbrühe nehmen, quer zur Faser in kleine fingerdicke Scheiben schneiden und auf eine vorgewärmte Platte legen. Das Suppengrün aus der Brühe heben und abtropfen lassen. Das Fleisch auf der Platte mit dem Gemüse umlegen und den Semmelkren gesondert dazu reichen.

Bemerkungen: Dazu reichen Sie Salzkartoffeln oder Semmelknödel.

Geflügel

Huhn mit Krensauce

Tirol

Zutaten für 4 Personen:

- *2 kleine Hühner*
- *Salz*
- *Hühnerbrühe*
- *80 g Meerrettich, gerieben*
- *80 g geschälte, geriebene Mandeln*
- *1 Zwiebel, fein gehackt*
- *30 g Butter*
- *20 g Mehl*
- *1/8 l Sahne*
- *1 Messerspitze Ingwerpulver*

Hühner teilen, salzen, in eine Kasserolle legen und mit Hühnerbrühe schwach bedecken. Kren (Meerrettich), Mandeln und Zwiebel darauf verteilen und weich dünsten. Das Fleisch herausnehmen. Mehl und Butter mit einer Gabel zusammendrücken und damit den Saft etwas eindicken. Mit Sahne verfeinern, mit Salz, Pfeffer und Ingwerpulver würzen. Das Fleisch in der Sauce wieder erwärmen.

Meerrettich-Pute mit Bouillongemüse

fettarm

Zutaten für 4 Portionen:

- *350 g Petersilienwurzeln*
- *3 Pimentkörner (Nelkenpfeffer)*
- *2 Lorbeerblätter*
- *1 Hühnerfond oder -brühe*
- *500 g Steckrübe*
- *250 g Möhren*
- *300 g TK-Rosenkohl*
- *600 g Putenbrustfilet*
- *250 g SojaCremig neutral (Reformhaus)*
- *1 Glas geriebener Tafel-Meerrettich (95 g)*
- *1–2 Zitronen, Jodsalz*
- *frisch gemahlener Pfeffer*
- *1 Bund glatte Petersilie*

Petersilienwurzeln schälen und fein würfeln. Zusammen mit Pimentkörnern, Lorbeerblättern und Hühnerfond aufkochen und 10 Minuten zugedeckt kochen. Steckrübe und Möhren putzen und in große, mundgerechte Stücke teilen. Zusammen mit dem Rosenkohl in den Hühnerfond geben und 10 Minuten garen.

Große Gemüsestücke mit dem Schaumlöffel herausnehmen und warm stellen. Fleisch der Länge nach in zwei dicke Streifen schneiden und in der siedenden Brühe 3 Minuten garen. Herausnehmen und warm stellen.

Lorbeerblätter herausnehmen und den Fond mit dem Stabmixer pürieren. SojaCremig und Meerrettich zugeben und mit

Zitronensaft, Jodsalz und Pfeffer abschmecken.

Fein gehackte Petersilie über Fleisch und Gemüse streuen und die heiße Meerrettichsoße darüber gießen.

Bemerkungen: Meerrettichsoße nicht aufkochen, denn sonst verliert sie an Schärfe und Aroma.

Putenkeule mit Meerrettichkruste

Zutaten für 4 Personen:

1,2 kg Putenoberkeule
Salz, weißer Pfeffer
2 mittelgroße Zwiebeln
1 1/2 TL Hühnerbrühe
1 großes Bund Suppengrün
250 g Champignons
1 TL Thymian
1 Bund Schnittlauch, 1 EL Öl
50 g geriebener Meerrettich (Glas)

Fleisch waschen und trockentupfen. Mit Salz und Pfeffer würzen. Zwiebeln schälen und vierteln. Mit der Keule in einen Bräter legen. Im vorgeheizten Backofen bei ca. 175 ° C 2–2 1/2 Stunden braten. Brühe in 3/8 l heißem Wasser auflösen. Nach und nach angießen.

Gemüse und Pilze putzen und waschen. Gemüse klein schneiden. Pilze halbieren. Alles nach ca. 1 1/2 Stunden Bratzeit zur Keule geben. Eventuell noch etwas Brühe angießen. Gemüse mit Salz, Pfeffer und Thymian würzen.

Schnittlauch waschen, in Röllchen schneiden. 3/4 vom Schnittlauch, Öl und Meerrettich verrühren. 10 Minuten vor Ende der Bratzeit auf den Braten streichen.

Alles anrichten. Gemüse mit Rest Schnittlauchröllchen bestreuen.

Dazu reichen Sie Salzkartoffeln.

Rote-Bete-Salat mit Putenfilet

Zutaten für 4 Personen:

- 2 dicke Scheiben Weißbrot
- 1 Knoblauchzehe
- 1/2 Bund Petersilie
- 30 g Butter
- 1 Glas (720 ml) Rote Bete (in Scheiben)
- 2 kleine deutsche Putenfilets (à ca. 260 g)
- 2 EL Öl
- Salz
- frisch gemahlener schwarzer Pfeffer
- einige Blätter Frisée- und Endivien-Salat
- 1 Becher (250 g) Schmant
- 1 Becher (150 g) Vollmilchjoghurt
- 2–3 TL Meerrettich (aus dem Glas)
- 1 Prise Zucker
- Holzspieße

Brot grob würfeln, Knoblauch und Petersilie hacken. Butter in einer Pfanne schmelzen, Brot hinzufügen und unter Wenden goldgelb rösten. Zum Ende der Röstzeit Knoblauch und Petersilie zufügen. Rote Bete auf einem Sieb abtropfen lassen, Saft dabei auffangen.

Die Filets waschen, trockentupfen und in Medaillons schneiden. Öl in einer Pfanne erhitzen, das Fleisch darin von jeder Seite ca. 4 Min. braten. Mit Salz und Pfeffer würzen, aus der Pfanne nehmen und beiseite stellen.

Den Salat putzen, waschen, in mundgerechte Stücke zupfen und abtropfen lassen. Schmant mit Joghurt, Meerrettich und 3 bis 4 EL Rote-Bete-Saft verrühren. Mit Salz, Pfeffer und Zucker abschmecken.

Fleisch und Brotwürfel abwechselnd auf Holzspieße stecken. Salat und Rote Bete auf 4 kleine Platten anrichten. Je einen Spieß darauf setzen. Die Schmantsauce extra dazu reichen.

Wild

Wildschwein mit Meerrettich

Ungarn

Zutaten für 4 Personen:

1 kg Wildschweinfleisch
100 g Zwiebeln
Salz
150 g Suppengrün
2 Knoblauchzehen
1 TL Pfefferkörner
1 Lorbeerblatt
1 Prise Thymian
Majoran
Wacholderbeeren
4 Korianderkörner
Meerrettich, gerieben

Am besten eignet sich Fleisch vom Frischling. Aus dem Knochen gelöste Läufe, Blatt- oder Rippenstück in größere Stücke schneiden. Vorher das Fleisch gut säubern, die zu fetten Teile, Sehnen und Schwarte entfernen. Das gut gewaschene Fleisch abbrühen und mit so viel Wasser aufstellen, dass es bedeckt ist. (Wenn man das Fleisch eines alten Wildschweines verwendet, wird die erste Brühe weggegossen.) Nach dem Aufkochen Suppengrün, Zwiebeln und Salz dazugeben. Ein Tee-Ei mit zerdrücktem Knoblauch, Pfefferkörnern, Lorbeerblatt, Thymian, Majoran, Wacholderbeeren, Korianderkörnern und einem Stückchen Meerrettich am Topfdeckel befestigen und in das Kochgut hängen. Bei mäßiger Hitze zugedeckt weich schmoren lassen. Die Schmorzeit beträgt 2–3 Stunden.

Ist das Fleisch gar, das gefüllte Tee-Ei herausnehmen, die Fleischstücke mit einem Schaumlöffel in eine tiefe, vorgewärmte feuerfeste Schüssel geben und das gekochte Suppengrün danebenlegen. Das Fleisch reichlich mit frisch geriebenem Meerrettich bestreuen, heiß servieren und gesondert geriebenen Meerrettich reichen. Dazu passen Petersilienkartoffeln. Nach Belieben anstatt des geriebenen, mit Essig zubereiteten Meerrettich dazu reichen.

Wildschweinkeule

Zutaten:

500 g Wildschweinkeule ohne Knochen
1 Möhre, 1 Petersilie (Wurzel)
1/4 Sellerie
1 Zwiebel
1 Löffel geriebener Meerrettich
80 g Johannisbeergelee
50 g Preiselbeeren
80 g Öl
20 g Mehl
300 ml Rotwein
1 Zitrone
1 Löffel Senf
Wildgewürze (Pfeffer, Gewürzkörner, Lorbeerblatt)
Muskatnuss, Salz

Die Keule von Häuten befreien, waschen und mit Salz einreiben. In der Hälfte des Öls die in Ringe geschnittene Zwiebel und das Gemüse dünsten, das Wildgewürz und die in Scheiben geschnittene Zitrone hinzugeben, mit lauwarmem Wasser übergießen, die Keule hinzulegen und zugedeckt weich dünsten lassen. Während des Dünstens die Keule mit ihrem Saft beträufeln, evtl. mit heißem Wasser begießen. Die gare Keule herausnehmen, den Saft verdicken. Johannisbeergelee, geriebenen Meerrettich, Senf, Preiselbeeren und Muskatnuss zugeben. Gut rühren und aufkochen lassen. Die fertige Sauce durch ein feines Sieb gießen, den Rotwein zugießen und aufkochen lassen. Als Beilage Semmelknödel servieren.

Wildschweinrücken mit Meerrettichkruste

Zutaten für 6 Personen:

Sauce:

Parüren und Knochen vom Wildschwein
100 g Möhren
100 g Zwiebeln
2 Knoblauchzehen
1 EL Öl
2 kleine Lorbeerblätter
1 TL Pfefferkörner
1/4 l Weißwein
1 l Wasser
15 g Meerrettich, frisch
Salz, Zucker
1 EL Zitronensaft
2 TL Crème fraîche
Saucenbindemittel

Wildschweinrücken:

100 g Speck, fett
40 g Meerrettich, frisch
1 TL Kümmel
1 Wildschweinrücken, ca. 2 kg
1 TL Öl

Gemüsebeilage:

300 g Navets (weiße Rüben)
300 g Möhren
300 g Keniabohnen
Salz
1/8 l Kalbsfond aus dem Glas
40 g Butter
weißer Pfeffer, Zucker

Am Vortag für die Sauce den Wildschweinrücken von Fett und Sehnen be- ▶

freien. Die kleinen Filets heraustrennen und zugedeckt kühl stellen. Den Ansatz der Vorderläufe abtrennen und klein hacken. Möhren und Sellerie putzen, waschen, grob würfeln. Zwiebeln und Knoblauch pellen und in Stücke schneiden. Fett, Sehnen und Knochen, Gemüse, Zwiebeln und Knoblauch in einem großen Bräter im Öl 15 Minuten scharf anbraten. Lorbeerblätter und Pfefferkörner dazugeben. Mit dem Wein ablöschen und 15 Minuten offen kochen lassen. Wasser dazugeben, bei milder Hitze 1 Stunde im offenen Bräter leise köcheln lassen. Den Fond durch ein Sieb gießen und auf $^1/_2$ l sprudelnd einkochen. Abkühlen lassen, zugedeckt bis zum nächsten Tag kühl stellen. Während der Fond kocht, für den Wildschweinrücken den Speck grob würfeln, Meerrettich schälen und ebenfalls würfeln. Beides mit Kümmel, Pfeffer und Salz mischen und in der Küchenmaschine sehr fein zerkleinern. Die Masse auf die Oberseite des Rückens streichen, zudecken und über Nacht kühl stellen. Am nächsten Tag den Backofen auf 225 ° C vorheizen. Den Wildschweinrücken auf die Saftpfanne legen und auf der 2. Einschubleiste von unten 25–30 Minuten braten. Inzwischen den Saucenfond erhitzen, den Meerrettich für die Sauce schälen und fein raffeln. Meerrettich mit Salz, Zucker, Zitronensaft und Crème fraîche verrühren und zugedeckt beiseite stellen. Den gegarten Wildschweinrücken von der Saftpfanne nehmen, das Rückenfleisch auslösen und fest in Alufolie wickeln. Die Röststoffe mit etwas Wasser ablöschen und zum Saucenfond geben. Die kleinen Filets in einem Pfännchen 5 Minuten anbraten, dann salzen und pfeffern. Das Meerrettichgemisch in den Saucenfond geben, mit Salz abschmecken und die Sauce evtl. etwas binden. Das Fleisch aus der Folie wickeln und schräg in Scheiben schneiden. Die Sauce dazu getrennt servieren.

Dazu: Gemischtes Gemüse und Petersilienkartoffeln. Navets (weiße Rüben) und Möhren schälen und waschen. Navets halbieren, Möhren schräg in dicke Scheiben schneiden. Bohnen putzen und waschen, in kochendem Salzwasser 7 Minuten blanchieren, dann in Eiswasser abschrecken. Kalbsfond erhitzen, Butter darin schmelzen. Möhren und Navets dazugeben, mit Pfeffer, Salz und Zucker abschmecken, zugedeckt ca. 7 Minuten garen. Zum Schluss die blanchierten Bohnen dazugeben und unter Wenden mit erhitzen.

Gemüse

Folienkartoffeln

mit Niederbühler Meerrettichbutter

Zutaten für 6 Portionen:

6 große Kartoffeln (ca. 1 kg)
Salz
50 g frischer Meerrettich
1–2 TL Zitronensaft
1 Bund Dill, 150 g Butter
Salz, Pfeffer aus der Mühle
Worcestershiresauce

Die Kartoffeln mit der Bürste unter fließendem Wasser gründlich schrubben, mit der Schale in kochendem Salzwasser 20 Minuten vorgaren.

Den Meerrettich waschen, schälen, auf der Haushaltsreibe (oder in der Küchenmaschine) fein reiben, sofort mit Zitronensaft beträufeln.

Dill hacken, 1 Teelöffel Dill mit Meerrettich unter die Butter rühren, mit Salz, Pfeffer und Worcestershiresauce würzen. Butter in Alufolie zur Rolle formen, 15 Minuten ins Gefrierfach geben.

Die Kartoffeln einzeln in Alufolie wickeln, im vorgeheizten Backofen bei 200 ° C 20–25 Minuten backen.

Butter vor dem Servieren aus der Folie nehmen, im restlichen Dill wälzen und in 12 Scheiben schneiden.

Die Folie der Kartoffeln etwas öffnen, die Kartoffeln kreuzweise einschneiden, etwas zusammendrücken. Zu jeder Kartoffel 2 Scheiben Butter servieren.

Gebackene Rote Bete mit Meerrettichsauce,

England

Zutaten für 4 Portionen:

4 Rote Bete

Für die Meerrettichsauce:

2 EL Meerrettich, frisch gerieben
1 TL Zucker
2 TL Weißweinessig
Senf
Salz
150 g Crème double (fettreiche Sahne, 43 v.H.)

Rote Bete waschen, nicht schälen, in Pergamentpapier oder Alufolie wickeln. Im auf 180° C vorgeheizten Ofen zwei bis zweieinhalb Stunden garen. Für die Sauce Meerrettich, Zucker, Essig, Senf und Salz vermengen. Crème double leicht aufschlagen, unter die Meerrettichmasse ziehen. Rote Bete schälen, mit der Meerrettichsauce servieren.

Tipp: Horseradish-Sauce (Meerrettichsauce) wird normalerweise zu Rindfleisch oder Räucherlachs gut gekühlt gegessen.

Gebratene Rote Bete mit Meerrettichcreme

Zutaten für 4 Personen:

200 g mehlig kochende Kartoffeln
1/8 l Weißwein
200 ml Gemüsefond
750 g kleine Rote Bete
2 EL Olivenöl
Jodsalz
2 EL Wasser
100 g Schlagsahne
3 EL frisch geriebener Meerrettich

Kartoffeln schälen und fein würfeln. In Weißwein und Gemüsefond ca. 15 Minuten köcheln. Rote Bete schälen und vierteln oder achteln. Öl in einer großen Pfanne erhitzen. Rote Bete darin unter Rühren ca. 10 Minuten braten, dabei salzen. Wasser zufügen und zugedeckt weitere 10 Minuten dünsten.

Sahne zu den Kartoffeln geben. Alles fein pürieren. Meerrettich unterrühren. Mit Salz abschmecken.

Gefüllte Rote Bete mit Meerrettichsoße

Zutaten für 4 Personen:

8 kleine Rote-Bete-Knollen
75 g Langkornreis, Salz, Pfeffer,
250 g Putenbrustfilet
1/2 Bund Petersilie u. Schnittlauch
1 TL Kräuter der Provence, in Öl, aus dem Glas, 3 EL Sahne
500 g Crème double (fettreiche Sahne), Kreuzkümmel
1 Apfel, 100 g Meerrettich
1 Messerspitze Zucker

Rote Bete waschen und etwa 35 Minuten kochen. Reis in kochendem Salzwasser etwa 15 Minuten kochen. Putenbrustfilet waschen, trockentupfen und klein schneiden. Frische Kräuter waschen und fein hacken, bzw. in Röllchen schneiden. Zusammen mit dem Fleisch im Zerkleinerer (Mixer) pürieren. Kräuter der Provence und Sahne unterrühren und alles mit Salz, Pfeffer und Kreuzkümmel würzen. Reis auf einem Sieb abtropfen lassen, abschrecken und unter die Fleisch-Kräuter-Farce heben. Rote-Bete-Knollen abgießen, etwas abkühlen lassen und schälen; einen Deckel abschneiden und die Knollen bis auf einen 1 cm breiten Rand aushöhlen (das Innere für einen Eintopf verwenden). Fleisch-Reis-Füllung in die Knollen füllen und den Deckel wieder aufsetzen. In wenig Salzwasser etwa 20 Minuten garen. Créme double erhitzen. Apfel waschen und grob raspeln. Meerrettich schälen und fein reiben. Beides in Crème double rühren. Mit Salz und Zucker würzen. Apfel-Meerrettich-Soße zu den gefüllten Roten Bete servieren.

Kartoffeln mit Blumenkohl

in Meerrettichsahne, vegetarisch

Zutaten für 3 Portionen:

800 g mehlig kochende Kartoffeln
1/8 l Wasser
Salz
800 g Blumenkohl
1/3 Stange frischer Meerrettich
1 TL Butter
250 g Sahne
weißer Pfeffer
Muskatnuss

Die Kartoffeln würfeln, mit dem Wasser und Salz in einem Topf einmal aufkochen und zugedeckt bei schwacher Hitze 10 Minuten garen.

Den Blumenkohl in Röschen teilen. Die zarten Blumenkohlblättchen beiseite legen. Den Meerrettich reiben und zugedeckt beiseite stellen.

Den Blumenkohl auf die Kartoffeln legen, erneut aufkochen und weitere 10 Minuten garen. Nur den Blumenkohl herausnehmen und in einer vorgewärmten Schüssel warm halten. Die Butter und die Sahne zu den Kartoffeln geben und einmal aufkochen. Den Meerrettich darunter mischen. Die Kartoffeln mit Pfeffer und Muskat abschmecken, zum Blumenkohl geben und alles vorsichtig mischen.

Die Blumenkohlblättchen hacken und darüber streuen.

Kartoffelpuffer mit Lachs

Zutaten:

1 TL Fenchelsamen
1 Packung Crème fraîche
1 EL Mehl
2 Eigelb
400 g mehlig kochende Kartoffeln
50 g Schlagsahne
1/2 Becher Natur-Joghurt
1 TL abgeriebene Zitronenschale
1 TL Zitronensaft
Zitronenscheiben zum Garnieren
1 Bund frischer Kerbel
8 Scheiben Räucherlachs
1 kleine Meerrettichwurzel

Crème fraîche mit Joghurt glatt rühren, mit Salz, abgeriebener Zitronenschale und Saft würzen. Kerbel bis auf ein paar Blättchen sehr fein hacken, unterheben. Kartoffeln waschen, schälen, grob raffeln. Meerrettich schälen, fein reiben. Fenchelsamen fein zerreiben. Kartoffeln, Meerrettich, Fenchelsamen, Eigelb, Sahne und Mehl vermengen, salzen und pfeffern. Puffer im heißen Fett in einer beschichteten Pfanne ausbacken. Mit Lachs und Kerbelcreme anrichten. Mit Kerbelblättchen und Zitronenscheiben garnieren.

Meerrettich aus dem Badischen Kochbuch

Zutaten:

1 große Stange Meerrettich
40 g Butter, 40 g Mehl
1/8 l Milch, 1/2 l Fleischbrühe
1 TL Salz, 1 Prise Zucker

Die Meerrettichstange soll beim Putzen schön weiß, nicht holzig und fleckig sein und ist am wertvollsten, wenn sie dick und außen möglichst glatt ist. Sie wird bei der Zubereitung gewaschen, geschabt und auf dem Reibeisen am offenen Fenster oder in der Nähe des Herdes gerieben, wobei man darauf achtet, dass man die Stange stets gerade hält, da sonst der Meerrettich faserig wird. Kann der Meerrettich nach dem Reiben nicht sofort zubereitet werden, so bedeckt man ihn, um das Schwarzfärben zu verhindern, mit Milch oder einem Teil des Mehles. Bei der Zubereitung bringt man in einem gut glasierten, am besten in einem irdenen Topf die Butter zum Kochen, dämpft darin den Meerrettich 5–8 Min., streut das Mehl darüber und löscht nach weiteren 5 Min. mit den angegebenen Flüssigkeiten ab. Man würzt mit Salz, gibt Zucker zu und lässt den Meerrettich in gut verschlossenem Topfe, je nach der Schärfe 1/2–1 Std. kochen. Nach Belieben kann man zum Sämigmachen an Stelle des Mehles rohe oder gekochte geriebene Kartoffeln oder auch geriebene weiße Brotkrumen verwenden. Oder man bereitet mit Butter, Mehl, Fleischbrühe, Milch und Salz einen weißen Butterbeiguss, dem man nach dem Durchkochen den Meerrettich zugibt und je nach Geschmack noch 1/4–1/2 Std. kochen lässt.

Meerrettichgemüse

Zutaten für 4 Portionen:

2 Weizenbrötchen vom Vortag
1/8 l Milch
1 Bund Petersilie
1 große Stange Meerrettich
2 EL Zitronensaft
1 Apfel, säuerlich
30 g Butter
1 EL Mehl
1/4 l Fleischbrühe
50 ml Schlagsahne
Salz
1/4 TL Zucker

Brötchen in dünne Scheiben schneiden und mit der heißen Milch übergießen. Petersilie waschen, trockentupfen und fein hacken. Meerrettichstange schälen, waschen und auf der Rohkostreibe oder in der Küchenmaschine fein reiben. Meerrettich mit dem Zitronensaft vermischen, damit er sich nicht verfärbt.

Den Apfel vierteln, schälen, vom Kerngehäuse befreien und fein reiben. Mit dem Meerrettich mischen.

Butter in einem Topf erhitzen. Mehl und eingeweichte Brötchen zugeben. Bei mittlerer Hitze unter Rühren etwa 1 Minute schmoren. Brühe unterrühren und aufkochen. Zugedeckt bei schwacher Hitze 5 Minuten garen. Die Meerrettich-Apfel-Mischung, Sahne, Salz, Zucker und Petersilie untermischen. Mit Salz abschmecken.

Meerrettich-Joghurt-Mousse auf Carpaccio von Roten Beten mit Steckrüben-Plätzchen

Zutaten für 4 Personen:

Meerrettich-Mousse:
- 200 g Schmant
- 200 g Joghurt
- 60 g Meerrettich
- 3 Blatt Gelatine
- 170 g Sahne
- Saft von 1/2 Zitrone
- etwas abgeriebene Zitronenschale
- Salz, Pfeffer
- 1 Bund Kerbel

Rote-Bete-Carpaccio:
- 2 kleine Rote Bete

Kochsud:
- 50 ml Essig, 3 Lorbeerblätter
- 3 Nelken, 1 TL Senfsaat
- 1 TL Zucker, 1/2 l Wasser

Dressing:
- 2 EL Rotwein
- 1 EL Himbeeressig
- 2 EL Olivenöl
- 1/2 TL guter Senf, Salz, Pfeffer

Steckrüben-Plätzchen:
- 150 g Steckrübe, 1 Zwiebel
- 150 g Kartoffeln, 75 g Austernpilze
- 50 g Mehl, 1 Ei, Salz, Pfeffer,
- Olivenöl, 2 Frühlingszwiebeln

Für die Mousse Schmant, Joghurt und Meerrettich verrühren, mit etwas abgeriebener Zitronenschale, Salz und Pfeffer würzen. Nun die aufgeweichte Gelatine hineinrühren, zum Schluss die steif geschlagene Sahne unterziehen. 90 Minuten kalt stellen. Vor dem Servieren mit einem Esslöffel Nocken abstechen.

Die Roten Bete gut waschen und in einem kleinen Topf ungeschält im Sud 30 Minuten kochen. Danach die Knollen schälen und in hauchfeine Scheiben schneiden. Aus den angegebenen Zutaten das Dressing zubereiten und die Rote-Bete-Scheiben darin marinieren. Gehackten Kerbel und dünne Scheiben von der Frühlingszwiebel hinzugeben.

Für die Plätzchen geschälte Kartoffeln und Steckrübe grob reiben.

Austernpilze würfeln, in sehr heißem Olivenöl anbraten, die fein gewürfelte Zwiebel hinzufügen und eine halbe Minute mit braten. Einige Minuten abkühlen lassen. Dann mit Rüben- und Kartoffelraspeln, Mehl und dem Ei vermischen. Mit Salz und Pfeffer würzen. Diesen Teig dünn und talergroß in eine trockene Pfanne geben, etwa eine Minute anbraten, erst dann Öl hinzufügen, kurz weiter braten und wenden.

Anrichten:
In die Mitte jedes Tellers eine Rosette von Rote-Bete-Scheiben auslegen, diese mit etwas Dressing benetzen und hauchfeine Scheiben von Frühlingszwiebeln darüber streuen. Darauf zwei Meerrettich-Joghurt-Mousse-Nocken platzieren. Ringsherum jeweils fünf Steckrüben-Plätzchenanlegen.

Mit gezupftem Kerbel dekorieren.

Meerrettich-Karotten-Kartoffel-Bratlinge

Zutaten für 2 Personen:

600 g Kartoffeln
2 mittelgroße Möhren
1 TL oder mehr Meerrettich
Salz
Pfeffer
Petersilie nach Belieben

Kartoffeln kochen, zerstampfen oder grob reiben. Möhren raspeln und zu der Kartoffelmasse geben. Meerrettich nach Belieben zugeben. Salzen, pfeffern und Petersilie dazugeben.

Alles zu einem Teig verkneten. Wenn die Kartoffeln sehr fest sind, etwas Sahne zugeben, um den Teig geschmeidig zu machen. Umgekehrt, wenn der Teig zu weich geraten ist, etwas Mehl zugeben.

Bratlinge formen und in der Pfanne von beiden Seiten leicht braun anbraten.

Möhren-Erbsen-Gemüse

in Meerrettichsauce

Zutaten für 4 Personen:

1 kg Möhren
250 g Schalotten
40 g Butter
20 g Mehl
1/4 l Brühe
1/8 l Sahne
300 g Erbsen (ggf. auch Tiefkühlware)
30 g geriebener Meerrettich aus dem Glas
Salz
Pfeffer
1–3 TL Zitronensaft
Zucker
1 Bund Schnittlauch

Möhren putzen, waschen und in Scheiben schneiden. Schalotten pellen, vierteln. Beides in Butter andünsten. Das Mehl dazugeben, unterrühren und anschwitzen. Mit Brühe und Sahne auffüllen und unter gelegentlichem Rühren 15 Minuten garen. Nach 10 Minuten die Erbsen zugeben und mit erhitzen.

Sauce mit Meerrettich, Salz, Pfeffer, Zitronensaft und einer Prise Zucker kräftig würzen.

Schnittlauch in Röllchen schneiden und darüber streuen.

Panierte Selleriescheiben

mit Meerrettichsauce

Zutaten für 4 Portionen:

2 Sellerieknollen à 500 g
Salz, 1 EL Zitronensaft
4 Zitronenscheiben, unbehandelt
Pfeffer, 100 g Mehl, 2 Eier
60 g Semmelbrösel, 150 ml Öl
60 g Parmesan, gerieben

Sauce:

1 Zwiebel, fein gewürfelt
20 g Butter, 1/2 EL Mehl
100 ml Gemüsefond
200 ml Sahne, 40 g Meerrettich, frisch geraspelt, Salz, Pfeffer
1 Bund Schnittlauch in Röllchen
Zitronensaft

Die Sellerieknollen schälen, halbieren, in ca. 1 cm dicke Scheiben schneiden und in Salzwasser mit Zitronensaft und -scheiben ca. 15 Minuten kochen. Abschrecken, trockentupfen, mit Salz und Pfeffer würzen. Zuerst in Mehl, dann in verquirltem Ei und zuletzt in der Mischung aus Bröseln und Parmesan wenden. Bei mittlerer Hitze in dem Öl von beiden Seiten goldbraun braten. Auf Küchenpapier abtropfen lassen, warm halten. Für die Sauce die Zwiebelwürfel in der Butter glasig dünsten. Mehl darüber stäuben und anschwitzen. Mit Gemüsefond und Sahne 5–6 Minuten bei mittlerer Hitze kochen. Meerrettich dazugeben. Mit dem Schneidestab aufmixen. Mit Salz, Pfeffer, Schnittlauch und Zitronensaft würzen. Mit den Selleriescheiben anrichten.
Hart gekochte Eispalten dazu reichen.

Pikante Gemüsewaffeln

mit Meerrettich-Apfel-Quark

Zutaten:

200 g Mehl
2 TL Backpulver
1 Prise Salz, 1 Prise Pfeffer
1 Prise Oregano
2 kleine Zwiebeln (100 g)
100 g Lauch, fein geschnitten
100 ml Milch
100 ml Mineralwasser
4 Eier, 150 g weiche Butter
3 EL Pflanzenöl

Meerrettich-Apfel-Quark:

3 Äpfel
2 cm frischer Meerrettich, geschält
1/2 Zitrone, Saft
150 g Rahmquark, Salz, Pfeffer

Das Gemüse putzen, fein würfeln und mit dem Öl in der Pfanne ca. 3 Minuten lang anbraten. Die Eier mit der Butter schaumig rühren, Milch, Wasser, Salz und das Mehl (mit dem Backpulver vermischt) unterrühren, bis man einen glatten Teig hat. Das abgekühlte Gemüse in den Teig rühren.

Mit dem erhitzten Waffeleisen in jeweils 2–3 Minuten goldbraune Waffeln backen.

Meerrettich-Apfel-Quark:
Äpfel (mit Schale) und Meerrettich fein reiben. Vermischen und mit Zitronensaft beträufeln.

Äpfel und Meerrettich unter den Quark rühren, mit Salz und Pfeffer abschmecken.

Rote-Bete-Gemüse

Zutaten:

250 g Zwiebeln
500 g Rote Bete
300 g Möhren
2 EL Öl
1/2 l Gemüsebrühe
100 g frischer Meerrettich
2 EL Petersilie
200 g saure Sahne

Die in Würfel geschnittenen Zwiebeln in Fett goldgelb andünsten und die in Würfel geschnittenen Roten Bete und Möhren hinzugeben. Bei geschlossenem Deckel ca. 5 Minuten weiter dünsten, dann mit der Gemüsebrühe löschen und so ca. 20 Minuten garen.

Zum Schluss den fein geriebenen Meerrettich und die zerhackte Petersilie einrühren und kurz mitgaren. Vorsicht, die Wurzel ist sehr trocken und saugt schnell noch die vorhandene Flüssigkeit auf. Eventuell muss noch etwas Wasser/Brühe nachgegossen werden. Das Ganze zum Schluss mit der sauren Sahne garnieren und anschließend nicht mehr kochen.

Das Gericht schmeckt am besten als Beilage zu frischen Petersilienkartoffeln.

Rote-Bete-Kuchen mit Meerrettichsauce

Zutaten:

Teig:
10 g Hefe
150 ml Molke oder Wasser (30 °C)
1/2 TL Meersalz
1 EL Sojamehl, 200 g Dinkel und 75 g Roggen
1/2 TL Kümmel, fein gemahlen
20 g weiche Butter

Füllung:
400 g Rote Bete
80 g Zwiebeln
25 g Butter
7 EL Apfel- oder Weißwein
1/2 TL Anis, grob zerstoßen
Meersalz, 150 g Äpfel
1 1/2 EL Zitronensaft
1 TL abgeriebene Zitronenschale
3 Pimentkörner
1/2 TL Muskatblüte, weißer Pfeffer
150 g süße Sahne
50 g saure Sahne
Sesam zum Bestreuen

Sauce:
300 g Quark, 100 g saure Sahne
2 EL Zitronensaft
2 EL Meerrettich, frisch
Meersalz
eventuell etwas Milch

Die Hefe in der Milch oder dem Wasser auflösen. Salz, Sojamehl und 2/3 vom Mehl unterrühren. Die Butter und das restliche Mehl dazugeben. Den Teig mit dem Knet- ▶

haken der Küchenmaschine 10 Minuten bei niedriger Stufe kneten. Zugedeckt bei Zimmertemperatur etwa 40 Minuten gehen lassen, bis der Teig gut die Hälfte aufgegangen ist. Inzwischen die Rote Bete unter fließendem Wasser sauber bürsten, harte Stellen schälen. Die Knollen grob raspeln. Die Zwiebeln grob würfeln, in wenig Butter dünsten. Die Rote Bete, den Wein, den Anis und 3/4 Teelöffel Salz untermischen. Das Gemüse in 10–12 Minuten bissfest garen. Den Topf von der Kochstelle nehmen. Den Apfel eventuell schälen, vierteln und in dünne Scheiben schneiden. Mit der restlichen Butter, dem Zitronensaft und der Schale unter das Gemüse mischen. Die Pimentkörner im Mörser zerstoßen. Die Rote Bete mit Piment, Muskatblüte und Pfeffer abschmecken.

Den Backofen auf 200 ° C vorheizen. Den Teig durchkneten. 3/4 davon ausrollen und die gefettete Form damit auslegen. Einen Rand von 3 cm hochziehen. Das Gemüse einfüllen. Die süße und die saure Sahne verquirlen und bis auf 2 Esslöffel auf dem Kuchen verteilen. Den restlichen Teig ausrollen, Streifen ausrädeln und diese als Gitter auf den Kuchen legen. Das Teiggitter mit der übrigen Sahne bestreichen und mit Sesam bestreuen.

Den Kuchen auf der untersten Schiene 35–40 Minuten backen, bis das Gitter hellbraun ist. Für die Sauce den Quark mit der Sahne und dem Zitronensaft verquirlen. Mit Meerrettich und Salz abschmecken. Falls nötig, noch mit etwas Milch verdünnen. Die Sauce sollte dickflüssig sein.

Stangenspargel mit Räucherlachs

Zutaten:

Hauptzutaten:

800 g Räucherlachs
250 g Crème fraîche
2 Tassen Kräuter
4 Eier
1 Bund Estragon
1 Bund Petersilie
2 kg Spargel

Nebenzutaten:

1 Tasse Spargelfond
1 Tasse Weißwein
4 EL Senf
2 Zwiebeln
1 Tasse Öl
4 EL Meerrettich

Spargel kochen, abtropfen lassen, anrichten. Eier hart kochen. Spargelfond, Weißwein, Senf, Essig glatt rühren. Öl tropfenweise einrühren. Zwiebeln, Eier, Kräuter hacken und einrühren. Mit Salz, Pfeffer, Cayennepfeffer abschmecken.

Soße über Spargel verteilen, Lachs darauf anrichten. Crème fraîche, Kräuter, Meerrettich, Zitronensaft verrühren. Mit Salz, Pfeffer, Zucker, Cayennepfeffer abschmecken.

Saucen

Altspreewälder Hubertussoße,

Brandenburg

Zutaten:

4 EL Meerrettich
4 EL Johannisbeer- oder Sauerkirschkonfitüre (oder -gelee)
1 Zitrone
1 Orange
1 EL Senf
1/4 l Rotwein
2 EL Zucker
1 gehäufter TL Speisestärke
Zimt
Zitronat, Orangeat

Johannisbeerkonfitüre mit Rotwein, Zucker, einer Prise Zimt und ein wenig ganz fein zerstoßenem Zitronat und Orangeat 5–8 Minuten durchkochen, mit angerührter Speisestärke leicht binden, den Saft von Orange und Zitrone dazugeben, nochmals aufkochen lassen und sofort vom Herd nehmen. Den frischen, geriebenen Meerrettich untermischen, durchziehen lassen und zum Schluss unter kräftigem Rühren mit dem Schneebesen den Senf dazugeben.

Passt hervorragend zu Wildgerichten, aber auch zu Gänse-, Enten- oder Putenbraten.

Cumberlandsauce

Zutaten für 8 Personen:

2 Orangen
4 cl Madeira oder Portwein
2 EL geriebener Meerrettich, möglichst frisch gerieben
4–5 EL Johannisbeergelee
1 EL englisches Senfpulver oder scharfer Dijon-Senf
Pfeffer aus der Mühle

Von einer Orange die Schalen hauchdünn abschälen oder mit einem Zestenreißer ablösen. (Zestenreißer = Küchenmesser mit kleinen runden und messerscharfen Ösen. Diese „reißen“ hauchdünne Streifen von der Schale.)

Die Orangenstreifen in einem Sieb in leise kochendes Wasser halten, um alle Bitterstoffe und mögliches Wachs von der Schale zu lösen. Gut abtropfen lassen. Die Orangen auspressen, ihren Saft mit Madeira oder Portwein mischen. Das Johannisbeergelee im Wasserbad auflösen, Meerrettich, Senfpulver oder Senf sowie die Orangenzesten einrühren. Die Sauce mit Pfeffer abschmecken. Abkühlen lassen, damit sie dank des sich wieder verfestigenden Johannisbeergelees eine dickflüssige Konsistenz bekommt. Die Sauce soll dann würzig, dabei leicht süß schmecken.

Sauce eignet sich hervorragend als Beilage zu Wildgerichten und kann im Kühlschrank einige Tage aufbewahrt werden.

Diable-Meerrettich-Sauce

Zutaten:

- *4 EL Paprikamark*
- *6 EL Weinessig*
- *1 gestrichener EL Zucker*
- *1 gestrichener TL Salz*
- *1/2 TL schwarzer Pfeffer, gemahlen*
- *1 Spur Knoblauchsalz*
- *1 Spur Selleriesalz*
- *1 TL Flüssigwürze*
- *2 EL Semmelbrösel*
- *6 EL Öl*
- *1 1/2 EL Meerrettich, gerieben*
- *3 EL heißes Wasser*

Alles glatt rühren.

Feigen-Meerrettich-Sauce

Zutaten:

- *2 Feigen, grün, vollreif*
- *1 Prise Zucker*
- *1 TL Honig*
- *35 g Meerrettich, frisch geraspelt*
- *5 EL Gemüsefond (Instant)*
- *Salz*
- *Pfeffer, frisch gemahlen*

Die Feigen mit einem spitzen Messer häuten und das Fruchtfleisch in Stücke schneiden. Mit Zucker, Honig und 1 EL Wasser zu Mus verkochen. Den grob geriebenen Meerrettich mit dem Gemüsefond kurz aufkochen lassen, das Feigenpüree mit einem Schneebesen unterschlagen und mit Salz und Pfeffer würzig abschmecken. Abkühlen lassen.

Bemerkung: Gemüsefond gibt es fertig im Glas zu kaufen, wenn Sie aber lediglich Fleischbrühe im Hause haben, geht es genauso gut.

Kalte Meerrettich-sauce

(Sauce au raifort froide), Frankreich

Zutaten für 6 Personen:

- *1 Stange Meerrettich*
- *1 TL Zitronensaft*
- *Salz*
- *Pfeffer*
- *1 Prise Zucker*
- *einige EL Öl, Essig*

Meerrettich gut reinigen, schälen und reiben. Den Zitronensaft zugeben, damit der Meerrettich die Farbe behält.

Salz, Pfeffer und eine Prise Zucker zugeben. Mit Essig und Öl vermischen. Passt zu gekochtem Rind- und Schaffleisch. Der geriebene Meerrettich wird oft auch mit gestoßenem Zucker und Essig zubereitet.

Kalter Apfelsinen-kren

Zutaten:

- *1 Orange*
- *80 g Zucker*
- *3 EL Meerrettich*
- *Salz*
- *3 EL Weißwein*
- *2–3 TL Olivenöl*

Eine schöne große Apfelsine wird auf 80 g klarem Zucker abgerieben und darauf der Saft gut ausgepresst. Nachdem der Zucker in dem Saft zergangen ist, vermischt man ihn mit 3 Esslöffel fein geriebenem Meerrettich, etwas Salz, 3 Esslöffel gutem Weißwein und 2–3 Esslöffel feinstem Olivenöl.

Diese Masse rührt man so lange, bis eine ebene, glatte Sauce entsteht, die vorzüglich schmeckt und zu kaltem Wild und Geflügel gegeben wird.

Kräutersauce

Zutaten:

1/2 TL Salz
1 TL Zucker
1 Bund Schnittlauch
1 Bund Dill
150 g saure Sahne
150 g Joghurt
3 EL Kräuteressig
1 EL geriebener Meerrettich
1 Kästchen Kresse
2 EL Remoulade
Saft von einer halben Zitrone

Sahne mit Joghurt, Remoulade, Zitronensaft, Meerrettich, Zucker, Salz und Essig verrühren, Kräuter fein schneiden und unterrühren.

Bemerkung: Diese Sauce kann gereicht werden zu Pellkartoffeln, Kurzgebratenem und Fisch.

Limetten-Meerrettich-Sauce

Zutaten:

40 g geriebener Meerrettich
65 ml Limettensaft
65 ml Mayonnaise
100 ml Joghurt
Salz
schwarzer Pfeffer aus der Mühle

Alle Zutaten in einer säurebeständigen Schüssel vermischen. In einem fest verschlossenen Glas über Nacht in den Kühlschrank stellen, damit die Aromen verschmelzen können.

Mandelkren

Österreich

Zutaten für 1 Portion:

60 g Butter
40 g Mandeln
50 g Mehl
3/4 l Milch
Salz
30 g Zucker
80 g Meerrettich

Gestiftelte oder geriebene weiße (geschälte) Mandeln werden in Butter geröstet und mit Mehl bestäubt. Wenn das Mehl angeröstet ist, gießt man mit siedender Milch auf, gibt Zucker und etwas Salz dazu, lässt alles gut verkochen und mengt knapp vor dem Anrichten geriebenen Kren darunter.

Meerrettich-Apfel-Sauce

Zutaten:

3 Äpfel, säuerlich
1 EL Zitronensaft
2 TL Zucker
1/8 l Milch
Salz
3 EL Meerrettich, frisch gerieben
4 TL süße Sahne
1/8 l Wasser

Äpfel schälen, entkernen und vierteln. Anschließend im Wasser mit Zitronensaft und Zucker zum Kochen bringen und ca. 10 Minuten garen. Apfelstücke mit der Flüssigkeit im Mixer pürieren. Die Masse wieder in einen Topf geben und zusammen mit der Milch unter ständigem Rühren zum Kochen bringen. Nach einmaligem Aufwallen die Sauce vom Herd nehmen, Meerrettich und Sahne unterziehen und sofort servieren.

Bemerkung: Die Sauce passt hervorragend zu gebratenem Fischfilet.

Meerrettich-Fondue-Sauce

Zutaten:

1 hart gekochtes Ei
1 Becher Joghurt
Meerrettich aus dem Glas
1 Gewürzgurke
1 Zwiebel
Salz
Pfeffer
Zucker

Ei pellen und klein hacken. Gewürzgurke und Zwiebel fein würfeln. Dann mit dem Joghurt und dem Meerrettich mischen. Mit Salz, Pfeffer und Zucker abschmecken.

Meerrettich-Preiselbeer-Sauce

Zutaten:

8 EL Sahne-Meerrettich
8 EL Preiselbeeren
2 EL Zitronensaft
4 EL Joghurt
Salz
Pfeffer

Alle Zutaten gut vermischen und fertig ist die Grillsauce.

Meerrettich-Rosinen-Sauce

Zutaten für 4 Personen:

- *40 g Butter*
- *40 g Mehl*
- *1/4 l Fleischbrühe*
- *1/4 l Milch*
- *Salz*
- *Pfeffer*
- *1/2 Tasse Rosinen*
- *1 Stück frischer Meerrettich (10 cm)*

Aus Butter, Mehl, 1/8 l Fleischbrühe und Milch eine helle Mehlschwitze herstellen, mit Salz und Pfeffer abschmecken. Die Rosinen waschen, in der restlichen Fleischbrühe kurz aufkochen, dann mit der Flüssigkeit in die Mehlschwitze geben. Den frischen Meerrettich in die Sauce reiben. Sie wird zu gekochtem Rindfleisch serviert.

Meerrettichsauce

Baden

Zutaten:

- *1/2 Stange Meerrettich*
- *50 g Butter*
- *50 g Mehl*
- *1/4 l Milch*
- *1/4 l Fleischbrühe*
- *Zucker*

Meerrettichstange waschen und schaben, so dass sie schön weiß wird. Meerrettich fein reiben, möglichst am offenen Fenster. Zum Meerrettichreiben gehört das Weinen dazu. Beim Reiben muss die Meerrettichstange senkrecht gehalten werden, weil der Meerrettich sonst faserig wird.

Wird der Meerrettich nicht sofort verarbeitet, mit Milch in eine Schüssel geben oder sofort mit etwas Mehl bedecken, sonst wird er schwarz.

In einem Topf die Butter schmelzen und darin den Meerrettich 5–8 Minuten dünsten. Dann Mehl darüber streuen und weiter rühren, nach weiteren 5 Minuten mit der Brühe und der Milch ablöschen. Nun mit Salz und einer Prise Zucker würzen. Je nach Schärfe muss nun der Meerrettich in gut verschlossenem Topf noch etwas köcheln.

Meerrettichsauce II

Zutaten für 4 Personen:

40 g Butter
10 g fein gewürfelte Zwiebel
40 g Mehl
Weißwein
0,75 l kalte Milch
Salz
Meerrettich

Zwiebel in Butter dünsten. Mehl zugeben und zusammen anschwitzen. Mit Weißwein ablöschen. Milch zugeben und vorsichtig unter Rühren aufkochen. Sauce ca. 10 Minuten bei geringer Hitze weiter ziehen lassen, sollte sie zu dick werden, mit Milch verflüssigen. Meerrettich nun nach Geschmack zugeben, aber nicht mehr aufkochen.

Meerrettichsauce (Sauce au raifort),

Frankreich

Zutaten für 6 Personen:

1 Stange Meerrettich
1 etwa eigroße Portion Butter oder Fett
1,5 EL Mehl
1,5 Tassen Fleischbrühe
1 Prise Zucker
1/2 TL Senf
1 Löffel Essig

Der Meerrettich wird geschält und gerieben. Danach wird er zusammen mit dem Mehl einige Minuten in der verflüssigten Butter gedämpft. Die Fleischbrühe und die anderen Zutaten werden beigemischt und die Sauce dann für etwa 15–20 Minuten gekocht, bis ein dicklicher Brei entsteht. Dieser wird nachgewürzt. Ist der Meerrettich sehr scharf, so wird der Senf weggelassen und statt der Fleischbrühe wird Milch oder etwas Rahm verwendet. Die Sauce wird unpassiert zu gekochtem Rind- oder Schaffleisch serviert.

Meerrettichsauce (Fonduesauce)

Zutaten:

125 g Quark
1 EL Joghurt
1/2 EL Meerrettich (Glas)
1/2 säuerlicher Apfel
Zitronensaft
Salz
Pfeffer aus der Mühle
2 TL Worcestersauce

Quark, Joghurt und Meerrettich gut miteinander verrühren. Apfel schälen, vierteln und das Kerngehäuse herausschneiden. Apfelviertel auf einer Gemüsereibe fein zerkleinern. Sofort mit etwas Zitronensaft beträufeln, damit es sich nicht verfärbt, und unter die Sauce rühren. Mit Salz, Pfeffer, Worcestersauce und etwas Zitronensaft abschmecken.

Meerrettich-Senf-Estragon-Sauce

Zutaten:

250 ml Mayonnaise
2 EL Dijon-Senf
3 EL Meerrettich (Glas)
1 EL frisch gehackter Estragon oder 1 TL getrockneter Estragon, fein zerrieben
1 EL klein geschnittener frischer Schnittlauch
250 ml Schlagsahne, steif geschlagen

Alle Zutaten, außer der Sahne, gut vermengen, geschlagene Sahne unterheben und für ca. 1 Stunde kühl stellen.

Bemerkungen: Hält sich höchstens 5–6 Stunden (Sahne wird sonst wieder flüssig).

Meerrettichsoße

Zutaten:

30 g Fett
40 g Mehl
1/2 TL Zwiebel
1 Stange Meerrettich
1/2 l Flüssigkeit (Wasser, Fleisch- oder Gemüsebrühe oder Milch)
Salz
1 Prise Zucker

Zum Verbessern:

Milch oder etwas süßer Rahm

Meerrettich putzen, waschen, kurz vor der Zubereitung reiben (am offenen Fenster oder in der Nähe des Herdes, dabei die Stange gerade halten, damit der Meerrettich nicht faserig wird). Helle Einbrenne herstellen, den geriebenen Meerrettich zugeben, durchdünsten, mit Flüssigkeit aufgießen, durchkochen lassen, je nach Schärfe des Meerrettichs 1/2 bis 1 Stunde, dann abschmecken. Bei sehr scharfem Meerrettich kann man den geriebenen Meerrettich erst in das heiße Fett geben, durchdünsten, dann mit Mehl stäuben und fertig machen. An Stelle von Mehl kann man auch Semmelbrösel zum Binden der Soße verwenden.

Meerrettichsoße nach Urloffener Art

Zutaten für 4 Personen:

150 g Meerrettich
50 g Butter
4 EL Mehl
3/4 l Fleischbrühe
1/8 l süßer Rahm
Salz und Zucker nach Geschmack

Mit Butter und Mehl bereitet man eine helle Mehlschwitze, löscht mit kaltem Wasser ab und füllt mit der Fleischbrühe auf.

Man gibt den geriebenen Meerrettich dazu und lässt das Ganze leicht aufkochen. Nun rührt man den Rahm dazu. Nochmals leicht aufkochen lassen und mit Salz und Zucker abschmecken.

Servieren Sie die Meerrettichsoße nach Urloffener Art mit Sauerkraut, Petersilienkartoffeln und Rindfleisch (oder gekochtem Speck). Als Beilage sollten auch Preiselbeeren aus dem Glas nicht fehlen.

Orangen-Meerrettich-Sauce

Zutaten:

120 ml Orangensaft
200 ml Gemüsebrühe
25 g Reis- oder Hirsefeinschrot
80 ml Sahne

Abschmecken und Gewürze:

Reichlich Meerrettich aus dem Glas oder frisch gerieben
Piment
Orangen- oder Zitronenschale
Salz

Reis- oder Hirsefeinschrot anrühren mit dem Saft. Gemüsebrühe zum Kochen bringen. Den angerührten Schrot hinzufügen und alles unter ständigem Rühren 2 Minuten köcheln lassen. Gewürze (nicht den Meerrettich) hinzufügen und ca. 30 Minuten im warmen Backrohr oder an einer warmen Stelle nachquellen lassen. Meerrettich und die Sahne unterheben. Eventuell nachwürzen.

Würzige Meerrettichsauce

Zutaten:

3 EL Butter
2 EL Mehl
1 EL scharfer Senf
2 EL milder Kräutersenf
frisch geriebener Meerrettich (ca. 150 g), oder 1 Glas (100 g)
Salz, 1 Prise Zucker
1/4 l Milch

Aus dem Mehl mit der zerlassenen Butter eine helle Mehlschwitze bereiten. Den Senf mit einem Schneebesen unterrühren und den geriebenen Meerrettich zugeben. Mit der Milch aufgießen, einmal kurz aufkochen lassen. Die Sauce mit Salz und Zucker abschmecken.

Diese Sauce kann sowohl warm wie auch kalt serviert werden.

Teigwaren

Buchweizen-Omelette mit Lachs

und Meerrettichsahne

Zutaten für 6 Personen:

50 g Buchweizenmehl (Reformhaus)
50 g Mehl
3/8 l Wasser
2 Eier
Salz
1 Prise Zucker
3 TL Öl
1 Bund Dill
200 g Crème fraîche
1 Stück Meerrettich, ca. 10 cm
6 Scheiben Räucherlachs (ca. 250 g)

Buchweizenmehl und Mehl mischen, mit $^{3}/_{8}$ l kaltem Wasser anrühren und 20 Minuten ruhen lassen. Eier unterrühren, mit wenig Salz und Zucker würzen. Eine kleine Pfanne fein mit Öl auspinseln und darin 6 Omelette nacheinander backen. $^{3}/_{8}$ vom Dill hacken, mit der Crème fraîche verrühren. Meerrettich schälen, waschen, raspeln, $2^{1}/_{2}$ Esslöffel davon mit der Crème fraîche verrühren und mit Salz würzen.

Die Lachsscheiben in die Omelette geben und mit dem restlichen Dill garnieren.

Die Crème fraîche und den restlichen Meerrettich darüber geben.

Meerrettich-Ravioli

Zutaten für 4 Personen:

100 g Ricotta
20 g Meerrettich, frisch gerieben
Salz
Pfeffer
Muskat
1 Ei
1 Eigelb
200 g Mehl
1 TL Olivenöl

Mehl, Eier, Salz und Öl zu einem glatten Teig kneten und mindestens 1 Stunde im Kühlschrank ruhen lassen. Den mit Mehl bestäubten Teig mit der Nudelmaschine zu sehr dünnen und gleichmäßig großen Teilen ausrollen.

Ricotta und Meerrettich miteinander verrühren und mit Salz, Pfeffer und Muskat würzen. Die Füllung in kleinen Portionen auf die Hälfte der Teigbänder setzen, die Zwischenräume mit Eigelb bepinseln, eine Teigplatte darüber legen und andrücken.

Mit einem Ausstecher (Durchmesser ca. $3^{1}/_{2}$ cm) Ravioli ausstechen und die Ränder durch leichtes Zusammendrücken verschließen.

Die Ravioli können in einer größeren Menge hergestellt, im Tiefkühler aufbewahrt und später direkt ins kochende Wasser gegeben werden.

Rote-Bete-Ravioli auf Lauchstreifen mit Krensauce

Zutaten für 10 Personen:

Rote-Bete-Teig:

200 g Roggenmehl
200 g Weizenmehl
3 Eier
etwas Öl
Salz

Füllung:

500 g Rote Bete
80 g gehackte Zwiebel
2 Knoblauchzehen, fein gehackt
2 EL Parmesan
2 EL weiße Brotbrösel
1 Ei
200 g Ricotta romana oder Topfen (Quark)
etwas gehackter Kümmel
Salz
weißer Pfeffer aus der Mühle
etwas Butter

Krensauce:

1/8 l Milch
1/8 l Sahne
15 g Mehl
ca. 50 g frischer Kren
Salz
etwas Muskatnuss
Lauch

Rote-Bete-Teig:
Die rohe Rote Bete schälen, mit dem Reibeisen reiben und den Brei durch ein Haarsieb streichen. Das entstandene flüssige Püree mit Mehl, Eiern, Öl und Salz zu einem geschmeidigen Teig kneten. Kurz rasten lassen.

Rote-Bete-Füllung:
Die rohe, geschälte und in kleinste Würfelchen geschnittene Rote Bete mit Zwiebel und Knoblauch in Butter weich dünsten. Auskühlen lassen und mit den übrigen Zutaten vermischen.

Krensauce:
Aus Butter, Mehl, Milch und Sahne eine leichte Béchamel herstellen. Fünf Minuten kochen lassen und mit Kren, Salz und Muskat abschmecken.

Fertigstellung:
Den Teig dünn ausrollen, die Füllung häufchenweise darauf setzen, wieder mit dünn ausgerolltem Teig bedecken und Ravioli ausstechen.

Diese dann in Salzwasser kochen. Den in Streifen geschnittenen Lauch in Butter kurz anschwitzen und auf den Teller geben. Die Ravioli gut abtropfen lassen und auf die Lauchstreifen geben. Mit der Krensauce servieren.

Spätzle mit geräucherter Forelle

und Meerrettichsauce

Zutaten für 4 Personen:

500 g Spätzle
150 g Zuckerschoten
100 ml Weißwein
400 ml Sahne
2 EL geriebener Meerrettich
3–4 mittelgroße Karotten
1 kleine Stange Lauch
2 geräucherte Forellenfilets

Zuerst die Spätzle nach Packungsanweisung kochen. Den Lauch und die Karotten in feine Streifen schneiden und die Zuckerschoten putzen. Anschließend die Forelle vorsichtig in Stücke schneiden. Das Gemüse mit etwas Butter kurz andünsten und dann mit dem Weißwein ablöschen. Alles auf großer Flamme stark einkochen lassen. Nun die Sahne dazugeben, sämig kochen und mit Salz und Pfeffer abschmecken. Den Meerrettich und die Forellenstückchen vorsichtig einschwenken. Mit den Spätzle zusammen servieren.

Zucchinitorte

Zutaten für 3 Portionen:

3 Platten Blätterteig
300 g Zucchini
1 Paprika, rot
1 EL Meerrettich
1 EL Limonensaft
2 EL Petersilie
Pfeffer, Salz, Knoblauch
1/8 Liter Milch, 2 EL Sahne
2 Eier, 50 g Grana Padano
40 g Kürbiskerne

Ofen auf 200 ° vorheizen. Blätterteig auftauen. Arbeitsfläche leicht mit Mehl bestreuen. Blätterteig übereinander legen und mit leichtem Druck zu einem Kreis ausrollen, der etwas größer als eine 24er-Springform ist. Den Boden der Form mit Backpapier auslegen. Blätterteig auf den Boden der Form legen und einen Rand hochziehen. Mit einer Gabel mehrmals einstechen. Zucchini in feine Stifte raspeln. Paprika halbieren, von weißen Häuten und Kernen befreien und in kleine Würfel schneiden. Das Gemüse mit Meerrettich aus dem Glas, frisch gepresstem Limonensaft und grob gehackter Petersilie vermischen. Mit frisch gemahlenem Pfeffer, Salz und durchgepresstem Knoblauch würzen und auf dem Blätterteig verteilen. Milch mit Sahne, Eiern und Gewürzen verrühren. Über die Zucchinitorte gießen. Grana Padano (ital. Parmesan) darüber reiben. Kürbiskerne trocken in einer Pfanne anrösten und darüber streuen. Ca. 40 Minuten auf der mittleren Schiene backen.

Salat

Apfel-Herings-Salat mit Meerrettich-Dressing

Zutaten:

8 Heringsfilets in Öl
Pfeffer
2 kleine Zwiebeln
1 Apfel
Zitronensaft
220 g Rote Bete
1 EL Dill, gehackt
100 g Crème fraîche
5 EL saure Sahne
2 EL Sahne-Meerrettich

Heringsfilets gut abtropfen lassen und schräg in 2 cm breite Stücke teilen. Zwiebeln schälen und in dünne Ringe schneiden. Apfel putzen, vierteln, in dünne Spalten teilen und mit Zitronensaft beträufeln. Rote Bete (aus dem Glas) halbieren oder vierteln, mit Fisch, Zwiebeln und Dill vermischen. Crème fraîche mit Sauerrahm und Meerrettich glatt rühren. Mit Salz, Pfeffer und Zitronensaft würzen, unter den Salat ziehen. Zuletzt Apfelspalten locker unterheben. Mit Dill dekoriert servieren.

Bemerkungen: Zubereitungszeit ca. 20 Minuten. Pro Portion 430 kcal/1800 kJ.

Apfel-Sauerkraut-Salat mit Meerrettich

Zutaten:

300 g Weinsauerkraut
2 Äpfel

Soße:

5 EL Rahm
3 EL Öl
1 EL Zitronensaft
1 EL Meerrettich
1/2 EL Zwiebelwürfel
1 Spur Zucker
Pfeffer

nach Wunsch:

1 Spur Kümmel, gehackt
1 Möhre, gerieben

Rahm in eine Schüssel geben, restliche Zugaben für die Soße in angegebener Reihenfolge mit dem Schneebesen einrühren und abschmecken. Sauerkraut lockern, etwas zerkleinern; Äpfel schälen und grob raspeln und beides mit der Salatsoße mischen. Den Salat nochmals abschmecken und sofort servieren.

Dazu reichen Sie Bratkartoffeln und Würstchen oder Püree und Braten.

Blumenkohl-Walnuss-Salat

mit Meerrettich-Senf-Dressing

Zutaten:

200 g Blumenkohl, in Röschen
2 große Kartoffeln, geraspelt
2 grüne Paprikaschoten, in Streifen geschnitten
100 g Sellerie, klein geschnitten
100 g Walnüsse

Meerrettich-Senf-Dressing:

180 g Mayonnaise
4 EL Meerrettich, gerieben
125 g saure Sahne oder Joghurt
1/2 TL Senf
Pfeffer, frisch gemahlen
Salz

Blumenkohl für 2 Minuten in heißes Salzwasser geben, dann absieben und kühlen.

Zutaten erst kurz vor dem Servieren mischen und mit Meerrettich-Senf-Dressing anmachen.

Bohnenkeimsalat mit Meerrettichdressing

Zutaten:

1 Eigelb, 1/2 TL Essig, 1/8 l Öl
3 EL Crème fraîche
4 TL frisch geriebener Meerrettich
weißer Pfeffer, Salz, 1 Prise Zucker

Salat:

2 Äpfel, 1 große Salatgurke
200 g gepökelte Rinderzunge in Scheiben
1 Bund Lauchzwiebeln
200 g Bohnenkeimlinge

Für das Dressing das Eigelb mit dem Essig verrühren und unter ständigem Rühren mit einem Handrührgerät das Öl langsam zugießen, bis eine cremige Mayonnaise entstanden ist. Mit der Crème fraîche, dem Meerrettich, Pfeffer, Salz und Zucker würzen. Die Meerrettich-Mayonnaise in eine Sauciere geben.
Die Äpfel gründlich unter fließend kaltem Wasser waschen und abtrocknen. Vierteln, das Kernhaus entfernen und die Viertel in Scheiben schneiden. Diese Scheiben wiederum in dünne Streifen schneiden. Mit wenig Dressing vermischen, damit sich die Äpfel nicht verfärben. Die Scheiben der gepökelten Zunge ebenfalls in dünne Streifen schneiden und unter die Äpfel mischen. Die Gurke in dünne Scheiben schneiden. Die Lauchzwiebeln gut putzen und in dünne Scheiben schneiden. Die Bohnenkeime in ein Sieb geben, mit kaltem Wasser abspülen und gut abtropfen lassen. Alle Salatzutaten miteinander vermischen. Das Dressing separat dazu reichen.

Chinakohlsalat mit Papaya

Zutaten für 4 Portionen:

250 g Zuckerschoten
450 g Chinakohl
300 g kleine Tomaten
2 kleine Papaya
1 Beet Kresse
1–2 EL Tomatenketchup
75 g saure Sahne
75 g Salatmayonnaise (50%)
2 EL Weinbrand, ersatzweise Orangensaft
3–4 EL Meerrettich
Salz, Pfeffer
1 Bund Schnittlauch

Zuckerschoten putzen, schräg halbieren, in kochendem Wasser zwei Minuten sprudelnd kochen. Abgießen, abschrecken und auf Küchenpapier abtropfen lassen.
Chinakohl putzen und in mundgerechte Stücke schneiden. Tomaten vierteln.
Papaya halbieren, entkernen, die Hälfte der Kerne in einem Sieb abspülen und abtropfen lassen.
Papaya schälen, Fruchtfleisch würfeln. Chinakohl, Tomaten, Zuckerschoten und Papayawürfel in einer Schüssel mischen. Kresse abschneiden, mit den Papayakernen darüber streuen.
Ketchup, saure Sahne, Mayonnaise, Weinbrand und Meerrettich verrühren, salzen und pfeffern.
Schnittlauch in feine Röllchen schneiden, unterheben und zum Salat servieren.

Eiersalat

Zutaten:

10 hart gekochte Eier
1 große Dose Kondensmilch
Saft von 2 Zitronen
1 kleines Glas Meerrettich
1 Bund Schnittlauch
1 Dose geschnittene Champignons
Salz
Muskat
1 Prise Zucker

Zitronensaft mit dem Schneebesen in die Kondensmilch einrühren, Meerrettich, Pilze und Schnittlauch unterheben und pikant abschmecken. Die Eier in Scheiben schneiden und lagenweise mit der Sauce in eine Schüssel geben.

Endiviensalat mit Fenchel und Grapefruit

Zutaten für 4 Personen:

- *150 g Grapefruit (1 mittelgroße)*
- *50 g Meerrettich, frisch*
- *2 gehäufte EL Mandelblättchen*
- *3 gestrichene EL Weißweinessig*
- *1 Prise Vollrohrzucker*
- *2 gestrichene EL Weizenkeimöl*
- *1 Prise Jodsalz*
- *1 Prise Pfeffer, weiß*
- *2 gestrichene EL Orangensaft, frisch gepresst*
- *200 g Endiviensalat (1 kleiner Kopf)*
- *250 g Fenchel (1 Knolle)*

Grapefruit dick schälen, so dass die weiße Haut mit entfernt wird. Filets zwischen den Trennhäuten herausschneiden, Saft auffangen. Rest ausdrücken, Saft ebenfalls auffangen. Meerrettich schälen und fein reiben, mit dem Grapefruitsaft mischen. Mandeln in einer Pfanne ohne Fett goldbraun rösten. Mit Meerrettich, Essig, Zucker, Öl, Salz und Pfeffer fein pürieren. Dressing mit Orangensaft verrühren, abschmecken.

Endiviensalat waschen, gut abtropfen lassen und in mundgerechte Stücke zupfen. Fenchelknolle halbieren, harten Kern herausschneiden. Fenchel auf einer Küchenreibe in feine Streifen hobeln. Salat, Fenchel und Grapefruitfilets auf Tellern anrichten, Dressing darüber träufeln.

Dazu schmeckt geröstetes Nussbrot.

Feldsalat mit Räucherlachs und Croutons

Zutaten:

- *700 g Feldsalat*
- *100 g frischer Meerrettich*
- *4 Tomaten*
- *4 Eier*
- *350 g Räucherlachs*
- *2 Schalotten*
- *1 Bund Petersilie*
- *8 EL Weißweinessig*
- *10 EL Sonnenblumenöl*
- *Salz, Pfeffer*
- *5 Toastscheiben*

Meerrettich schälen und in feine Raspel schaben.

Das Toastbrot würfeln und in einer Pfanne mit Sonnenblumenöl goldbraun rösten.
Tomaten in kochendem Wasser überbrühen, danach enthäuten und achteln.
Die Eier 10 Minuten hart kochen, abschrecken und in Würfel schneiden.
Räucherlachs in dünne Scheiben schneiden. Schalotten und Petersilie fein hacken.
In einer Salatschüssel die Schalotten zusammen mit dem Essig und dem Senf verrühren.
Nach und nach das Öl darunter schlagen und mit Salz und Pfeffer abschmecken.
Die Petersilie dazugeben.
Den Feldsalat in der Vinaigrette anmachen, auf Tellern anrichten und mit Lachsstreifen, Croutons, Eiwürfeln und den Tomaten garnieren.
Zum Schluss den Meerrettich darüber geben.

Fischsalat mit Meerrettichsauce

Zutaten für 4 Personen:

- 700 g Rotbarschfilet
- 2 Zwiebeln
- 1 Bund Radieschen
- 1/2 Eisbergsalat
- 3 TL Meerrettich aus dem Glas
- 8 EL Öl
- 1 Bund glatte Petersilie
- 1 Lorbeerblatt
- Salz und Pfeffer
- 3 Nelken
- 6 EL Zitronensaft, Zucker

Die Zwiebeln nach dem Pellen halbieren und in halbe Ringe schneiden. Die Zwiebelringe in 1/2 l kochendem Salzwasser ca. 3 Minuten vorgaren. Mit einer Kelle herausnehmen und schön abtropfen lassen. Das Lorbeerblatt, Nelken und 2 Esslöffel Zitronensaft in das Zwiebelwasser geben und aufkochen. Den Fisch bei milder Hitze ca. 10 Minuten garen. Die Radieschen nach dem Waschen und Putzen in Scheiben schneiden. Den Eisbergsalat putzen, vierteln, den Strunk entfernen und den Salat quer in fingerbreite Streifen schneiden. Fisch aus dem Sud nehmen und abkühlen lassen. 5–6 Esslöffel Fischsud abnehmen und mit dem restlichen Zitronensaft, Salz, Pfeffer, Zucker und Meerrettich verrühren, Öl unterrühren. Petersilie hacken und unter die Sauce geben. Fisch in einzelne Segmente teilen und mit Radieschen, Zwiebeln und Salat in der Sauce mischen. Den Fischsalat ca. 20 Minuten durchziehen lassen.

Garnelensalat mit Meerrettichschaum

Zutaten für 4 Personen:

- 4 Fleischtomaten
- 1/2 Salatgurke, 4 Champignons
- 500 g frische, gepulte Garnelenschwänze (oder Krabben)
- Saft einer Zitrone
- Salz und Pfeffer, frisch gemahlen
- 80 ml Mayonnaise
- 80 ml geschlagene Sahne
- Saft einer Orange, 1/2 EL Zucker
- 1 EL geriebener Meerrettich
- 2 EL Schnittlauch, klein geschnitten
- 4 große Salatblätter

Tomaten enthäuten, halbieren, Kerne entfernen und in kleine Würfel schneiden.

Salatgurke schälen, längs halbieren, Kerne entfernen und in dünne Scheiben (Halbmonde) aufschneiden. Champignons säubern, waschen und in dünne Scheiben schneiden. Das Gemüse und die Garnelen in einer Schüssel mit Zitronensaft marinieren und leicht würzen. Für den Meerrettichschaum Mayonnaise, geschlagene Sahne, Zitronen- und Orangensaft, Zucker und den geriebenen Meerrettich in einer Schüssel verrühren und mit Salz und Pfeffer abschmecken.

Jeweils auf einem Teller ein großes Salatblatt auslegen, darauf den Garnelensalat anrichten, mit Meerrettichschaum überziehen und mit Schnittlauch bestreuen. Dazu reicht man warme Baguettes.

Gerste-Gemüse-Salat mit Meerrettich

Zutaten für 4 Personen:
200 g getrocknete Kichererbsen
150 g Rollgerste
0,6 l Bouillon
250 g Karotten
Salz
1 Avocado
1 EL Zitronensaft
150 g Mozzarella
1 Bund Petersilie

Sauce:
3 EL Meerrettich, geraffelt
2 EL Zitronensaft
Pfeffer, Cayenne
Salz
3 EL Olivenöl

Kichererbsen über Nacht einweichen, dann in frischem Wasser im Dampfkochtopf 15 Minuten kochen lassen. Rollgerste in der Bouillon ca. 30 Minuten kochen lassen.
Karotten schälen, die Hälfte davon in 5 mm große Würfelchen, Rest in Streifen schneiden, sofort mit Zitronensaft beträufeln.
Mozzarella würfeln. Petersilie waschen, die Hälfte davon fein hacken, vom Rest die Stiele entfernen. Für die Sauce den Meerrettich mit Zitronensaft, Pfeffer, Cayenne, gehackter Petersilie und Salz verrühren, zum Schluss das Öl beimischen. Alle Zutaten (außer Avocadostreifen) in eine große Schüssel mischen, Sauce zugeben, Salat damit anmachen. Mit Avocadostreifen und restlichem Petersilie garnieren.

Kärntner Eierkren, Österreich

Zutaten:
5–6 hart gekochte Eier
1 Zwiebel
1/2 Bund Bärlauch
1 Wurzel Kren
Salz, Pfeffer
Essig, Öl
1/2 Becher Sauerrahm

Eier blättrig schneiden, Zwiebel und Bärlauch fein hacken, Kren reiben und vorsichtig zusammenmischen, mit Salz, Pfeffer, Essig und Öl abschmecken und mit Sauerrahm verfeinern. (Wer's mag, kann auch den Sauerrahm weglassen.)

Bemerkung: Schmeckt zu gekochtem Schinken besonders gut.

Karottensalat mit Meerrettich

Zutaten:

- *3 Karotten*
- *2 TL frisch geriebener Meerrettich*
- *1 TL Senf*
- *1 TL Öl*
- *1 TL Zitronensaft*
- *Salz*
- *1 Prise Zucker*
- *75 g Vollmilchjoghurt*
- *1 TL Schnittlauchröllchen*

Die Karotten schälen, fein raspeln und mit dem Meerrettich mischen. Aus Senf, Öl, Zitronensaft, Salz, Zucker und Joghurt eine Marinade rühren und diese über die Karotten geben.

Salat mischen und mit dem Schnittlauch bestreuen.

Makrelensalat mit Meerrettichsauce

Zutaten für 4 Portionen:

- *250 g Tomaten*
- *125 g Crème fraîche*
- *1 Gemüsezwiebel*
- *1 EL gehackte Petersilie*
- *150 g Joghurt*
- *1 Kopf Eisbergsalat*
- *3 TL geriebener Meerrettich*
- *200 g geräucherte Makrelenfilets in Öl*

Salat in Streifen, Zwiebel in feine Ringe, Tomaten in Würfel schneiden. Makrelenfilets abtropfen lassen und in Stücke schneiden.

Für die Sauce Crème fraîche mit Joghurt und Meerrettich verrühren, mit Salz, Pfeffer und Zucker abschmecken. Petersilie unterrühren und mit den Salatzutaten mischen.

Matjessalat mit Meerrettich

Zutaten für 4 Portionen:

- *8 Matjesfilets (ca. 500 g)*
- *250 g Äpfel*
- *250 g Senfgurken aus dem Glas*
- *125 g rote Zwiebeln*
- *3 EL Weißweinessig*
- *Salz*
- *Zucker*
- *1 EL Senf*
- *3 EL Meerrettich (eingefroren)*
- *6 EL Öl*

Matjesfilets quer in zentimeterbreite Streifen schneiden. Vorher, soweit nötig, restliche Gräten entfernen. Äpfel waschen, dann vierteln und das Kernhaus herausschneiden, Apfelviertel quer in Scheiben schneiden. Senfgurken abtropfen lassen und in Scheiben schneiden. Von den roten Zwiebeln nur die äußere Haut abziehen. Zwiebeln halbieren und in Scheiben schneiden. Essig, Salz, Zucker und Senf verrühren, Meerrettich untermischen und darin auftauen lassen, dann das Öl zugeben. Die Sauce über die vorbereiteten Salatzutaten gießen und damit mischen. Salat durchziehen lassen, dann abschmecken und eventuell mit Meerrettich nachwürzen. Mit Schwarzbrot und Butter reichen.

Meerrettich-Dressing

Zutaten:

- *3 EL Joghurt*
- *3 EL Crème fraîche*
- *2 TL Meerrettich, gerieben*
- *Saft und abgeriebene Schale einer unbehandelten Limette*
- *1 Apfel*
- *2 Dillzweige*
- *Salz*
- *Zucker*

Joghurt und Crème fraîche mit dem geriebenen Meerrettich (frisch oder aus dem Glas) und dem Saft der unbehandelten Limette verrühren. Den gewaschenen, entkernten und fein gehackten Apfel untermischen. Die gewaschenen und fein gehackten Dillzweige zufügen. Mit der abgeriebenen Limettenschale, Zucker und Salz würzen.

Passt zu Endivien-, Kartoffel- und Wurstsalat.

Nudelsalat mit Meerrettich

Zutaten für 4 Personen:

- 180 g Hörnli-Nudeln
- Salz
- 250 g Fleischwurst oder Lyoner
- 180 g Gewürzgurken
- 2 Kresse-Beete
- 4 EL Mayonnaise (50 %)
- 200 g Magermilchjoghurt
- 3 TL Meerrettich (Glas)
- 3 EL Gurkenfond
- Pfeffer

Die Hörnli-Nudeln in Salzwasser kochen, abgießen und abschrecken. Dann die Fleischwurst oder Lyoner in grobe Würfel schneiden, die Gewürzgurken in feine Scheiben teilen. Die Kresse vom Beet schneiden.

Die Mayonnaise mit Joghurt, Meerrettich und dem Gurkenfond mischen und glattrühren, mit Salz und Pfeffer abschmecken.

Nudeln, Wurst und Gurkenscheiben mit dem Dressing vermengen, mit der Kresse garnieren und sofort servieren.

Roggen-Gemüse-Salat mit Meerrettich

Zutaten:

- 100 g Roggen
- 1 Zwiebel
- 1 Lorbeerblatt
- 1 TL Instantbrühe
- 1 Dose Kichererbsen
- 250 g Möhren
- 1 Avocado
- 150 g Emmentaler Käse
- 1 Bund Petersilie
- 1 EL Zitronensaft
- 3 EL Öl, Salz
- frisch gemahlener Pfeffer
- 2 EL Meerrettich

Roggen waschen und in 200 ml Wasser über Nacht einweichen. Im Einweichwasser mit Zwiebel, Lorbeerblatt und Brühe bei kleiner Hitze 30 Minuten kochen. Von der Kochstelle nehmen und noch 30 Minuten ausquellen lassen. Roggen abgießen, Brühe auffangen und beiseite stellen. Kichererbsen auf einem Sieb abtropfen lassen. Möhrenscheiben fünf Minuten kochen. Avocadostücke, abgekühlte Möhrenscheiben, Käsestifte, Petersilienblättchen, Kichererbsen und Roggen vermischen. Zitronensaft und den Rest der Roggenbrühe verrühren. Öl unterschlagen. Über den Salat geben und mit dem geriebenen Meerrettich bestreuen.

Beilagen

Avocadocreme mit Meerrettich

Zutaten für 4 Portionen:

- *2 reife Avocados*
- *6 EL Zitronensaft*
- *4 EL Crème fraîche*
- *200 g fein geriebene, säuerliche Äpfel*
- *3 EL frisch geriebener Meerrettich*
- *1/2 TL Meersalz*

Die Avocados schälen und entkernen. Den Zitronensaft und die Crème fraîche dazugeben und mit dem Pürierstab fein pürieren.

Die Äpfel und den Meerrettich unterrühren und mit Salz abschmecken. Die Creme möglichst frisch servieren. Gut verschlossen hält sie sich im Kühlschrank bis zum nächsten Tag, verfärbt sich aber etwas.

Bornaer Apfel-Meerrettich, Sachsen

Zutaten für 4 Personen:

- *2 Äpfel*
- *2 Zwiebeln*
- *2 EL Öl*
- *6 EL Meerrettich*
- *2 EL Weinessig*
- *Salz*
- *1 EL gemahlener Kümmel*

Die Äpfel schälen und reiben, die Zwiebeln schälen und fein hacken. Beides in einer Schüssel vermischen. Meerrettich, Öl, Essig, Salz und Kümmel untermengen. Apfel-Meerrettich schmeckt zu Gänsebraten oder Karpfen.

Gebackene Rote Rüben mit Krensauce,

Österreich

Zutaten für 4 Personen:

8 kleine Rote Rüben (ca. 1–1,2 kg)
200 ml Buttermilch
200 ml Sauerrahm (anstatt des Sauerrahms können Sie auch die gleiche Menge Crème fraîche verwenden)
2 EL Kren, frisch gerieben oder aus dem Glas
1 Apfel
2 EL gemischte Kräuter (Petersilie, Schnittlauch, Dill)
Salz, frisch gemahlener Pfeffer
Alufolie

Backofen auf 180 ° C vorheizen. Rüben mit Gemüsebürste putzen, trockentupfen und Knollen einzeln in Alufolie verpacken. Im Backrohr auf dem Rost bei mittlerer Höhe etwa 60–70 Minuten backen.

Inzwischen für die Krensauce Buttermilch, Rahm (oder Crème fraîche) und geriebenen Kren verrühren. Apfel waschen, schälen, fein reiben und mit Kräutern unter die Sauce mischen. Mit Salz und mit Pfeffer abschmecken. Nach der Garzeit, Rüben sollen weich sein, Gemüse aus dem Rohr nehmen. Alufolie entfernen, Rüben vorsichtig schälen, vierteln und mit der Sauce servieren.

Bemerkungen: Diese Beilage schmeckt hervorragend zu Fleisch, geräuchertem Lachs oder Kartoffelpuffer, aber auch pur.

Lachstatar

Zutaten:

4 EL Kaffeesahne
Pfeffer
Kresse
4 EL Mayonnaise
4 EL Zitronensaft
Salz
200 g geräucherter Lachs
4 Eier, hart gekocht
1 Stück Meerrettichwurzel
4 Bund Schnittlauch oder Dill

Lachs klein schneiden, Eier schälen und fein hacken.

Meerrettichwurzel schälen und fein reiben, Schnittlauch (oder Dill) fein schneiden. Alle Zutaten vermengen, dann abschmecken und mit Kresse garnieren.

Meerrettichbutter I

Zutaten:

100 g Butter (aus Sauerrahm)
20 g Meerrettich, frisch gerieben
20 g Walnüsse, gehackt
1 Prise Zucker
Salz und weißer Pfeffer aus der Mühle

Butter schaumig rühren. Meerrettich, Nüsse, Salz und Pfeffer (aus der Mühle), Zucker untermengen.

Masse auf Alufolie legen, Rolle formen, zusammendrehen.

Einige Stunden im Kühlschrank belassen. Zur Verwendung auspacken und in Scheibchen schneiden.

Bemerkungen: Geeignet als Brotaufstrich oder zu Grillgut.

Meerrettichbutter II

Zutaten:

2 EL fein geriebener Meerrettich
100 g Butter
Salz
etwas Zitronensaft

An die gerührte Butter gibt man den fein geriebenen Meerrettich und würzt mit etwas Salz und einer Spur Zitronensaft. Diese Meerrettichbutter wird an Stelle von Mayonnaise zum Garnieren von kalten Platten und dergleichen verwendet. Man verziert mit Kapern oder Essiggurken. Tomatenscheiben, Oliven, auch Eischeiben und Krauspetersilie sehen hübsch aus.

Bemerkungen: Auch als Beigabe zu kaltem Roastbeef, Zunge oder Fisch.

Meerrettichbutter III

Zutaten:

250 g Butter

50–80 g frischer, fein geriebener Meerrettich

1 Messerspitze Rosenpaprika

1 Prise Salz

Butter schaumig rühren und mit den restlichen Zutaten vermischen. Fertige Butter in den Kühlschrank stellen und abkühlen lassen. Aus der kalten Butter eine Rolle formen und in Alufolie einpacken. Bis zum Gebrauch im Kühlschrank lagern.

Meerrettichbutter passt zu Filet, Rumpsteak und allen kurz gebratenen Fleischstücken.

Die Buttermischung hält sich im Kühlschrank bis zu 4 Wochen. Eingefroren kann die Buttermischung 6 Monate gelagert werden. Zum Gebrauch werden die Butterrollen lediglich kurz geöffnet und die benötigte Menge abgeschnitten.

Meerrettichbutter IV

Zutaten:

50 g gesalzene Butter

20 g frisch geriebener Meerrettich

1/2 TL Zitronensaft

1 Messerspitze scharfer Senf

Salz und Pfeffer

Butter bei Zimmertemperatur weich werden lassen. Butter schaumig schlagen (mit Handmixer so lange rühren, bis die Butter weiß wird), dadurch wird sie geschmeidig. Meerrettich und Zitronensaft zugeben, mit Salz und Pfeffer abschmecken. Alu- oder Klarsichtfolie ausbreiten, Butter mit Spritzbeutel auf die Folie spritzen (einen langen Strang). Butter nun einrollen und im Kühlschrank wieder fest werden lassen.

Passt zu Fisch und Siedfleisch.

Meerrettich-Dip I

Zutaten:

75 g Käse, kalorienreduziert
75 g Magerquark
2 TL Meerrettich, gerieben (Glas)
Salz
weißer Pfeffer
1 EL Zitronensaft
1 Ei, hart gekocht

Für den Meerrettich-Dip Käse, Quark und Meerrettich verrühren und mit Salz, Pfeffer und Zitronensaft würzig abschmecken. Ei pellen, halbieren, das Eigelb herauslösen und würfeln (das Eiweiß anderweitig verwenden). Den Meerrettich-Dip in einer Schale anrichten und mit dem gewürfelten Eigelb garnieren.

Meerrettich-Dip II

Zutaten:

65 g Frischkäse
1 EL Magerquark
1 EL Joghurt
2 EL Mayonnaise
2 EL Meerrettich aus dem Glas
1 TL Zitronensaft
Senf
Salz
Pfeffer, wenn vorhanden bunter

Frischkäse, Quark, Joghurt, Mayonnaise und Meerrettich verrühren. Mit Zitronensaft und Gewürzen abschmecken.

Meerrettich-Nuss-Butter

Zutaten:

60 g Haselnusskerne
60 g Walnusskerne
150 g weiche Butter
1 Bund Schnittlauch
2 Knoblauchzehen
40 g frischer Meerrettich
Salz

Die Nüsse in einer Pfanne mit 20 g Butter unter Wenden rösten, abkühlen lassen und mittelfein hacken.

Den Schnittlauch in Röllchen schneiden, anschließend den Knoblauch pressen, und den Meerrettich fein raspeln.

Butter mit Salz schaumig rühren, Nüsse, Knoblauch, Schnittlauch und Meerrettich mit einem Holzlöffel unterrühren.

Meerrettichsoße, kalt

Zutaten:

4 EL magerer Quark
1/4 l Joghurt Natur
2 EL gerissener Meerrettich
1 Prise Zucker
etwas Zitronensaft

Quark, Joghurt, Meerrettich, Zucker und Zitrone verrühren.

Bemerkungen: Beilage für Fleisch- und Fischgerichte sowie begehrt bei Büfetts.

Meerrettichsülze

Zutaten für 4 Portionen:

- *1 kleine Stange Meerrettich*
- *Zucker*
- *Salz*
- *2 EL Salat-Mayonnaise*
- *400 ml trockener Weißwein*
- *ein paar Spritzer Saft einer Zitrone*
- *10 Blatt weiße Gelatine*

Meerrettich fein reiben. Mit etwas Zucker, Salz, Salat-Mayonnaise, Weißwein und Zitronensaft mischen. Inzwischen die Gelatine in kaltem Wasser einweichen.

Nach etwa 10 Minuten ausdrücken und mit etwas heißem Wasser unter Rühren auflösen. Zu den übrigen Zutaten geben, unterrühren, abschmecken und in kalt ausgespülte Förmchen füllen. Etwa zwei Stunden in den Kühlschrank stellen.

Bemerkung: Meerrettichsülze schmeckt besonders zu kaltem Schweinebraten, Roastbeef oder geräuchertem Fisch.

Möhren mit Meerrettich

Zutaten für 6 Personen:

- *500 g Möhren*
- *6 EL geriebener Meerrettich*
- *6 EL Joghurt*
- *1 Zitrone*
- *6 EL Sahne*
- *Salz*
- *Pfeffer*
- *Petersilie*

Möhren waschen und schälen. Mit einem Gurkenhobel in Streifen schneiden.

Möhrenstreifen mit dem Saft einer Zitrone beträufeln und den Joghurt untermischen. Den Meerrettich dazugeben, die Sahne schlagen und unterheben.

Je nach Geschmack mit Salz und Pfeffer würzen. Das Ganze mit gehackter Petersilie garnieren.

Preiselbeer-Meerrettich-Sahne

Zutaten:

250 g Schlagsahne
1 Päckchen Sahnefestiger
2–3 EL Meerrettich aus dem Glas
3 EL Preiselbeeren aus dem Glas

Sahne ca. 1/2 Minute mit dem Schneebesen schlagen. Sahnefestiger zufügen und Sahne steif schlagen. Meerrettich und Preiselbeeren unterheben.

Preiselbeersülzchen mit frischem Meerrettich

Zutaten für 4 Portionen:

10 Blatt weiße Gelatine
250 g Preiselbeeren
150 g Zucker
200 ml Schlagsahne
50 g Meerrettich, fein gerieben
etwas Meerrettich, geraffelt
1 EL Zitronensaft

Gelatine in kaltem Wasser einweichen. Preiselbeeren waschen und verlesen. Zucker in einem Topf bei kleiner Hitze unter Rühren anschmelzen, Preiselbeeren zufügen. Unter Rühren kochen, bis der Zucker vollständig gelöst ist. Sahne und geriebenen Meerrettich zufügen und die gut ausgedrückte Gelatine darin auflösen. Sturzförmchen mit kaltem Wasser ausspülen und die Preiselbeersülze bis etwa einen Zentimeter unter dem Rand einfüllen. Etwa drei Stunden im Kühlschrank fest werden lassen. Zum Stürzen die Förmchen kurz in heißes Wasser halten. Sülzchen auf Teller stürzen. Geraffelten Meerrettich mit Zitronensaft mischen und auf den Sülzen verteilen.

Bemerkung: Als Beilage zu Wild oder gebratenem Fleisch servieren.

Rohkost aus frischem Sauerkraut,

Ananas und Meerrettich

Zutaten:

1/2 Ananas (ca. 600 g)
ca. 500 g Sauerkraut
1 EL Crème fraîche
3 EL Meerrettich, frisch gerieben
4 EL Öl
Kresse zum Dekorieren

Eine 1/2 Ananas (600 g) schälen, vom inneren und äußeren Strunk befreien und in kleine Stücke schneiden. Ananas und Sauerkraut mischen. 1 EL Crème fraîche, 3 EL frisch geriebenen Meerrettich und 4 EL Öl verrühren und über den Salat geben.

Alles miteinander mischen, auf Tellern anrichten und mit Kresse dekorieren.

Rote-Bete-Frischkost

Zutaten:

12 EL saure Sahne oder Dickmilch
4 EL Zitronen- oder Orangensaft
6 EL frisch geriebener Meerrettich
4 Rote Bete
1 kleiner Apfel
4 Salatblätter
2 Orangen
12 Walnüsse

Die saure Sahne oder die Dickmilch mit dem Zitronen- oder Orangensaft und dem Meerrettich vermischen.

Die Rote Bete und den Apfel waschen, abtrocknen, eventuell schälen, beim Apfel das Kerngehäuse entfernen, beides dazuraspeln, locker unterheben.

Die Salatblätter waschen, trockentupfen und den Salat darauf anrichten.

Die Orangen schälen, gründlich von der weißen Haut befreien und in Spalten teilen oder filetieren.

Die Orangenstücke und die gehackten Walnüsse über den Salat streuen.

Sonstiges

Apfelrösti mit Kren und weißer Pfeffersauce

Österreich

Zutaten für 4 Personen:

- *15 weiße Pfefferkörner*
- *200 g Obers (Sahne)*
- *50 g Créme double (süße Sahne, ca. 43 % Fett)*
- *6 Äpfel*
- *1 Zitrone*
- *30 g Mehl*
- *50 g geklärter Zucker*
- *1 Stück Kren*
- *Salz*

Die Pfefferkörner zerdrücken. In einem Topf das Obers mit der Créme double, Salz und den Pfefferkörnern zum Kochen bringen. Etwa 5 Minuten köcheln lassen. Durch ein Sieb seihen und weitere 5 Minuten köcheln lassen. Die Äpfel schälen und in etwa 3 mm dünne Streifen schneiden. Mit dem Saft der Zitrone beträufeln. Mit dem Mehl und einer Prise Salz vorsichtig vermengen. Die geklärte Butter in einer Pfanne erhitzen. Die Apfelstreifen ca. $1\frac{1}{2}$ cm hoch einstreuen und bei schwacher Hitze von beiden Seiten jeweils 3 Minuten braten. Den Kren schälen und mit einem Messer Späne abschaben. Die Rösti schneiden und auf einem Teller drapieren. Die aufgemixte Sauce darüber nappieren. Zum Abschluss die Krenspäne darüber geben und sofort servieren.

Scharfer Paprikaquark

Zutaten für 4 Portionen:

- *250 g Speisequark, 20 % F.i.Tr.*
- *2 EL Meerrettich*
- *1 TL Tabasco*
- *3 EL Milch*
- *1 rote Paprikaschote*
- *Salz und Pfeffer*

Den Quark mit Meerrettich, Tabasco und Milch verrühren. Paprikaschote waschen, Kerne und weiße Innenhäute entfernen und in kleine Würfel schneiden. Unter den Quark mischen. Mit Salz und Pfeffer würzen und abschmecken.